En Bicyclette

À TRAVERS

l'Engadine, la Valteline, le Tyrol
et l'Italie du Nord

PAR

W. QUICK (Georges CURTEL)

SAINT-ÉTIENNE
IMPRIMERIE THÉOLIER ET Cie
Rue Gérentet, 12

—

1893

En Bicyclette

A TRAVERS

l'Engadine, la Valteline, le Tyrol et l'Italie du Nord

UN MOT D'INTRODUCTION

Depuis longtemps, je caressais ce projet de voyage. J'avais si souvent entendu célébrer l'Engadine et ses gorges sauvages, la Valteline et son incomparable Stelvio, le Tyrol et ses vastes forêts suspendues aux flancs des dolomites roses, que je n'avais pas de plus vif désir que de courir à toutes pèdales vers ces contrées si vantées et à si juste titre.

Tracer un itinéraire dans de régions aussi peu fréquentées n'est pas une petite affaire. J'accumulais les guides, les cartes, j'écrivis en Allemagne, en Italie, à quelques personnes que je savais pouvoir me renseigner. Je les remercie ici de leur amabilité, de l'empressement qu'elles ont mis à me répondre, tout particulièrement M. Geisser, professeur à Ratisbonne et rédacteur du *Der Deutsche Radfahrer*. Certes, j'aime en voyage l'imprévu. Je déteste le voyage au chronomètre, celui où les étapes sont rigoureusement déterminées, où l'admiration se trouve limitée à de certaines heures et à de certains lieux. Mais je n'aime pas partir à l'aventure, au caprice du jour ou même du vent. Je veux savoir où je vais et pourquoi, de façon à tirer tout le profit possible de mon temps.

Il faut donc, à mon avis, fixer nettement à l'avance sa route, qui doit évidemment passer par tous les points intéressants, ne pas craindre un détour que justifie un site pittoresque.

Ceux qui suivront ce voyage sur la carte verront que j'ai appliqué ces principes, et que notre longue excursion a été un véritable voyage en zig-zag.

Une fois l'itinéraire fixé, ne pas s'en écarter d'une ligne. Quant aux étapes, elles doivent être très modérées, de façon à ce qu'on puisse souvent les allonger et qu'on ne soit jamais dans la nécessité de les réduire, quel que soit le temps. On peut toujours faire 30 ou 40 kilomètres, je prie les vaillants de ne pas sourire. Il ne s'agit pas de rouler sur une piste, mais en montagne. Une partie de la route sera peut-être faite à pied, par la pluie, dans l'orage. Il faut prévoir tout cela. Si le temps est beau, la route bonne, le paysage médiocre, vous doublez, triplez l'étape. Cela nous est arrivé plusieurs fois. Mais jamais nous n'avons été en retard sur notre itinéraire. J'avais parlé à mes compagnons d'un voyage de 20 à 25 jours, nous avons mis trois semaines ; je crois ne m'être pas beaucoup écarté de mes prévisions.

Encore une recommandation. Ne partez jamais avec des compagnons trop faibles. La bonne humeur est inséparable de la bonne santé. La fatigue rend les gens grognons. Certes, chacun a ses petites inégalités d'humeur qu'il faut, par conséquent, savoir supporter chez les voisins. Mais, la fatigue aidant, il peut en résulter des discussions pénibles, regrettables. Donc, choisissez des compagnons robustes et surtout philosophes.

Enfin ne partez pas sur n'importe quelle monture. Si vous êtes content de votre machine, gardezlà. Ne faites pas d'essais en voyage, à moins de connaître très bien la maison où vous vous servez, ou d'être suffisamment versé dans la connaissance des divers modèles pour être sûr de votre choix.

Je ne vois pas ce que serait devenu celui d'entre nous dont la monture aurait subi une avarie grave en cours de route, par exemple à la Bernina ou à l'Ortler. Outre le danger d'une chute, qui là sans doute aurait été mortelle, je me demande comment il serait revenu de ces régions, où le chemin de fer est encore ignoré, avec un bagage aussi encombrant qu'une bicyclette. Il eut été dans la nécessité de s'offrir l'extra-poste, c'est-à-dire de s'alléger d'un nombre respectable de billets bleus.

Que le lecteur excuse ces recommandations. Ceux qui ont l'habitude des voyages m'approuveront. Elles seront utiles aux autres.

Une fois toutes ces précautions prises, allez-y joyeusement, et que le ciel vous favorise comme il nous a favorisés.

UN MOT SUR MES COMPAGNONS ET LEURS MONTURES

1° Tout d'abord, parce que toujours en tête, le brave Levirote (Dijon) (rota, levis), nom prédestiné pour un cycliste. Vigoureux, appétit robuste, philosophie inaltérable. Ne voyage qu'en machine. Monte une Quadrant 17 A, frein arrière, creux-plein.

2° M. Wuillaume (Nancy). La providence des cyclistes. Porte avec lui fil, aiguille, ciseaux, boutons, sparadrap, acide phénique; pinces, tenailles, etc. Tailleur, pharmacien, mécanicien. Veille à tout, pense à tout et panse tout, machine, cavalier. Porte vaillamment 15 kilos de bagage, sans compter un nombre déjà respectable d'années, sur une Sparkbrook, frein à bande, qui pèse bien ses 25 kilos.

3° Le novice de la troupe, l'ami Copernich (Dijon), (rien du célèbre astronome), caissier ordinaire de l'association. Très gai compagnon avant la fatigue, un peu lugubre après. S'entend à merveille à faire les gros yeux et à tonitruer devant les hôteliers italiens. Nous a fait faire des économies notables durant notre séjour au pays du macaroni. Monte une Quadrant 17 A, creux.

4° Votre serviteur Quick (Dijon), guide et interprète, machine Terrot 16 kilos, pneus Boothroyd-Closure. Bagage : 3 kilos. C'est peu, mais assez.

5° Je dois ajouter un cinquième compagnon qui nous rejoignit à Coire, l'ami Mersy (Dijon), grand fumeur devant l'Eternel. N'a jamais pu pardonner au Tyrol et à l'Italie d'avoir d'aussi mauvais tabac. A juré de ne plus repartir sans se faire accompagner de plusieurs carottes de ce précieux légume. Très gai compagnon, tendances épistolaires très accusées. Monte une Quadrant 17. A. creux.

2 AOUT. — *Dijon-Bâle par chemin de fer.*

Tout était prêt depuis la veille. Nos bicyclettes revues, graissées, huilées, harnachées, brillaient d'un éclat de neuf. La mienne sortait du nid, je veux dire de la fabrique. A 5 heures, nous prenons le train très omnibus qui doit nous conduire à Bâle. Connaissant depuis longtemps, pour l'avoir plusieurs fois parcourue, cette interminable et peu intéressante route, nous avions décidé, pour gagner du temps, de ne commencer l'excursion qu'à la frontière suisse, à Bâle.

De ce voyage peu intéressant je ne dirai rien. A Delle nous prenons un passavant (15°). Nous avançons nos montres de 25 minutes (heure de Berne). Quant aux douaniers suisses, comme ils ne nous demandent rien, nous ne jugeons pas à propos d'attirer sur nous leur attention.

A 5 heures, arrivée à Bâle, par une pluie battante, et c'est crottés, trempés que nous faisons notre entrée à l'hotel de la Cigogne (Gasthof zum Storchen) placée au bord du Rhin, non loin de la Poste, sur le Fischmarkt.

A peine débarqués, nous repartons pour visiter la ville. A deux pas de l'hôtel, l'*Hôtel de Ville*, bizarre, quelque peu grotesque avec ses enluminures ; puis, par les rues *Sporengasse* et *Eisengasse*, on arrive au *vieux pont du Rhin*, long de 300 pas, tout en bois. De l'autre côté du Rhin, c'est le *petit Bâle*. Une large avenue le traverse, se terminant à la gare badoise. Revenant sur nos pas nous montons à la *Cathédrale*. Elle est fermée. La façade fort jolie, la vue très belle dont on jouit sur Bâle et le Rhin valent le déplacement. C'est tout. Nous rentrons à l'hôtel ; cuisine excellente. Prix : souper (vin compris) 3 fr. ; chambre et service : 3 fr. ; premier déjeuner du matin : 1 fr. 25. — Donc *recommandé*. Le soir, nous allons goûter, dans une fort belle brasserie du voisinage l'excellente bière du lieu.

∴

3 AOUT. — *Itinéraire de ce jour.* — *Matin* : *Bâle*, *Rheinfelden* 15,5 ; *Mohlin* 5 ; *Stein* 7 ; *Frick* 8 ; *Bolzen*, *Effingen* 4,5 ; *Brugg* 10.— *Soir* : *Baden* 11 ; *Zurick* 22. Total : *83 kilom.* Bonne route, peu accidentée sauf à la sortie d'Effingen.

A 7 h. 1/4, départ à pied. Il est interdit de vélocer dans les rues. Nous remontons jusqu'aux promenades, puis, à gauche. Les faubourgs sont interminables. Après avoir franchi la *Birse*, nous entrons en forêt, c'est la forêt du *Hard*. La route est bonne, assez plate, le temps frais, le ciel couvert. Nous allons à bonne allure. Nous traversons les salines de *Schweizerhalle*, puis *Augst* et *Rheinfelden*, petite station balnéaire assez fréquentée. Le paysage est triste, monotone, sans intérêt. Le Rhin coule rapide à notre gauche. Puis viennent Mohlin, Stein, vis-à-vis Säckingen, village badois célèbre par l'opéra de Suppé (je crois) : le trompette de Sackingen. Nous quittons le Rhin qui remonte vers le Nord-Est, pour suivre la vallée de la Fricka (Frickthal). Une jolie descente nous mène à *Eiken*. — *Frick* 35 kilom. de Bâle. Un moment d'arrêt, un verre de bière ne sont pas déplacés. Cela ponctue agréablement la route.

Bientôt nous laissons à droite la route d'Aarau et traversons de nombreux villages bien modestes, perdus dans les nombreux vallons qui se coupent l'un l'autre, s'enchevêtrent, *Hornussen*, *Bozen*, *Effingen*. Un peu après ce village commence une assez longue montée, un peu dure, mais cependant praticable en machine, qui gravit le Bœtzberg. Au point culminant de la montée (574 mètres) on a une vue superbe sur les vallées de l'Aare, de la Reuss et de la Limmatt, ainsi que sur la chaîne des Alpes. Un petit chalet-restaurant a profité de la situation pour établir des tables et bancs au plus bel endroit. Nous nous installons là, déployant nos cartes et faisons la sourde oreille aux invitations intéressées de la brave femme du lieu qui veut absolument nous servir de la bière. Pas à cette heure, honorable dame.

Une descente rapide nous amène à *Brugg* (50 kil. de Bâle). Il est midi. Nous passons un pont sur l'Aare, qui traverse la ville étagée sur ses bords. Nous voilà à la recherche d'un restaurant convenable. La vue de l'Aare nous séduit et c'est dans une modeste gargotte, boulangerie et restaurant à la fois, mais perchée sur un roc, au bord même du torrent, que nous faisons élection de domicile.

Excellent et pantagruélique repas (2.35 café compris). J'ai promis à la patronne de léguer son nom ou plutôt celui de sa maison aux générations futures. Gasthof zum romischen Thurm. Ce petit restaurant est en effet situé vis-à-vis une vieille tour demi-ruinée, que l'on attribue, suivant la coutume, aux Romains.

1 h. 1/2 départ. — La sortie de Brugg est assez pénible. La rue unique qui traverse le village monte fortement. Bientôt nous roulons sur Baden. La route jusqu'à Zürich est très peu accidentée, surtout depuis Baden. Elle est malheureusement fort peu intéressante. Après avoir traversé la Reuss, nous entrons dans la vallée de la Limmatt. Cette vallée fort large, très fertile, fermée par des collines basses, boisées à mi-hauteur est d'une désespérante monotonie.

Baden. — Jolie station balnéaire très fréquentée, moins peut-être que sa voisine Schinznach, mais souveraine, paraît-il, contre la goutte, névroses et autres infirmités humaines ignorées des cyclistes. Sans nous arrêter, nous traversons la ville, passant sous une large voute, qui précède un petit pont couvert, et bientôt nous continuons sur Zürich malgré la chaleur à ce moment très pénible. La route est très bonne et à 3 h. 1/2 (2 heures de Brugg) nous faisons notre entrée dans Zurich. Il s'agit maintenant de trouver notre hôtel : Hôtel de l'Epée au lac, où je suis déjà descendu l'année précédente en allant à Munich. Ce n'est pas une petite affaire que de se retrouver au milieu de ce dédale de rues étroites. Enfin voici la Bahnhofstrasse, belle avenue bordée d'arbres. Une fois là, je reconnais ma route, en cinq minutes nous sommes à l'hôtel. J'ai quelque plaisir à me retrouver là, pour la deuxième fois. Un coup de brosse, un brin de toilette, oh ! très sommaire, et nous voilà partis à travers la ville. De Zurich je dirai peu de choses. Comme curiosités, je signalerai d'abord le lac, bien entendu, et les charmantes promenades qui le bordent. Puis l'Ecole polytechnique, qui domine la ville et d'où l'on a une assez belle vue sur Zurich. Il ne faut pas omettre une visite à la gare, très beau monument sur une vaste place, qu'occupent de nombreux hôtels fort élégants, mais dont je ne me soucie pas d'essayer les prix.

Comme l'année précédente, je conduis mes compagnons en pèlerinage à une excellente brasserie, la Bayrische Bierhalle : Zum Kropf, où nous vidons, avec un pieux recueillement, quelques verres d'excellente bière.

***

4 AOUT. — *Itinéraire de ce jour : Zurich à Rapperschwyl* par bateau ; *Pfaffikon, Lachen, Siebnen, Reichenberg, Bilten, Urnen, Mollis, 34 kilom. Filzbach 7, Obstalden 9. — Total 50 kilomètres.*

A midi nous nous embarquons (1 fr.80 en seconde) pour *Rapperschwyl*, petite ville située presque à l'extrémité du lac, ou plutôt à l'extrémité d'une étroite langue de terre qui divise le lac en deux parties : le lac de Zurich proprement dit et l'Obersee.

Ses rives, assez monotones, sont parsemées d'innombrables villas. Les collines qui le bordent de faible hauteur sont couronnées de forêts et couvertes de jardins, prairies. Après deux heures d'une douce somnolence sur le pont, au soleil, nous débarquons à Rapperschwyl. Un pont immense, un des plus longs du monde, s'étend depuis la ville jusqu'à une étroite saillie de la rive opposée. Sa longueur est de 1.600 mètres sur une largeur de

4 mètres. Nous suivons ce pont sur lequel passe au même instant le train venant de Coire. Arrivés à l'extrémité nous laissons à notre droite Pfaffikon et prenons la route de Lachen. Celle-ci est assez accidentée. De perpétuelles montées et descentes se succèdent au milieu des bois et à travers de jolis villages : *Galgenen*, *Schübelbach*, *Reichenberg*, *Bilten*, enfin *Nieder Urnen*. Ici force nous est de parlementer. Le chemin qui doit nous conduire à Wallenstadt par la rive ouest du lac du même nom fait un invraisemblable détour pour éviter les marécages qui le terminent. Il faut remonter par Ober Urnen jusqu'à un kilomètre environ de Nafels pour retrouver la route qui s'élève rapidement à 6 ou 700 mètres d'altitude en longeant le lac de Wallenstadt. Nâfels est une petite ville industrielle restée célèbre depuis l'héroïque résistance des gens de Glaris contre les Autrichiens en 1388.

A droite de la route, au lieu dit Letzi, onze pierres portant ce millésime rappellent les onze charges des Glaronnais, qui restèrent victorieux, et conquirent ainsi leur indépendance. Un peu avant Nâfels (1 kilom.) nous prenons à gauche et arrivons à Mollis. Vers le milieu du pays, près d'une fontaine, une route, ou plutôt un chemin s'élève très rapidement jusqu'à *Filzbach* (7 kilom.). L'ami Levirote et moi montons péniblement cet interminable calvaire que nous arrosons généreusement de notre sueur. A quoi bon, me direz-vous ? C'est parfaitement juste. Mais un diable de vélocipédiste Suisse venait de nous dépasser sur cette montée qu'il grimpait avec une extraordinaire maëstria. Nous avons voulu prouver que nos jarrets valaient les siens, et ce fut avec une certaine vanité que nous le vîmes, au bout de 2 ou 3 kilomètres, mettre pied à terre, tandis que fièrement, retenant notre respiration, pour ne pas paraître essoufflés, nous ascensionnions méthodiquement les rampes du Murtschenstock. *Filzbach !* Nous poussons un soupir de soulagement. Au bout d'un bon quart d'heure nous voyons arriver nos deux autres compagnons escortés de notre rival, qui nous fait ses compliments et semble tout surpris de notre prouesse.

Très aimable, il nous engage à nous arrêter à Obstalden et à ne pas poursuivre jusqu'à Wallenstadt à cause des pentes très fortes qui y conduisent et que l'approche de la nuit rend plus dangereuses encore. Il se fait tard en effet, le site est charmant, nous suivons donc son avis et nous passons une agréable soirée en aimable compagnie à Obstalden (50 kilom. de Rapperschwyl) dans une modeste mais très confortable auberge, hôtel zur Sonne, (chambre 2 francs, souper 2 francs).

Je signale l'endroit aux personnes désireuses de passer loin du bruit, dans un site pittoresque, au milieu des chalets et des forêts de pins, quelques semaines de repos. La vie n'y est pas chère. Enfin, le lac de Wallenstadt est, à mon avis, l'un des plus pittoresques, quoique un des moins connus.

Large à peine de 3 kilomètres, sur 16 de longueur, il est étroitement encaissé entre de hautes montagnes, d'où tombent en longues cascades d'innombrables torrents, dont le bruit monotone nous bercera cette nuit. La rive nord est absolument inabordable, aucune route ne la cotoie. La montagne tombe à pic dans les eaux profondes du lac. Vers ses deux extrémités seulement les rives s'abaissent. La navigation est à peu près nulle. Pas de bateaux à vapeur, de rares chalands qui desservent les quelques villages ou fermes isolées des rives, des canots de plaisance, voilà tout.

Le lac est, parait-il, dangereux. Sous l'action des vents qui s'engouffrent dans cet étroit couloir, il se forme de véritables lames de fond qui brusquement surgissent, engloutissant tout ce qui se trouve au voisinage de leur point d'émersion. C'est du moins ce qui nous a été raconté à Obstalden.

∴

5 AOUT. — *Itinéraire de ce jour : Obstalden, Muhlehorn* 4, *Wallenstadt* 11, *Sargans* 13, *Ragatz* 8 (Ragatz à *Pfeffers* aller et retour à pied : 8 kilom.), *Zollbrücke, Coire* 20. — Total : 64 kilomètres.

7 h. 1/4. Nous partons accompagnés de notre vélocipédiste Balois. La descente commence dans le village même. La route est très belle, très résistante, recouverte d'un sable fin, sur lequel les roues mordent en bruissant. Nous filons grand train, nous arrêtant par instants pour contempler l'inoubliable tableau qui se présente devant nous, et aussi pour reposer nos mains raidies par la fatigue.

Des lacets brusques, inattendus, sur un chemin mal protégé par des bornes minuscules, nous empêchent de donner au paysage toute l'attention qu'il mériterait.

Une fois au bas de la descente, la route cotoie le lac à deux pas de la voie du chemin de fer. Voici le train de Coire.

Une idée folle nous vient à l'esprit : « Suivons le train » me crie Lévirote. — « Allons » et pendant plusieurs kilomètres, deux stations, nous suivons sans trop grands efforts le paisible convoi qui s'en va, tranquillement traîné par un bijou de machine, aux cuivres brillants, dont les courtes bielles vont et viennent avec une régularité de métronome. Enfin le mécanicien, vexé de l'affront fait à sa machine, ouvre en grand son régulateur. La petite locomotive se trémousse un peu plus fort et nous voici « semés », au grand regret des voyageurs, qui nous encouragent vainement à poursuivre le match. Déjà nous apercevons les maisons de Wallenstadt. Nous nous arrêtons une dernière fois pour admirer le lac, quand, tout à coup, des coups de fusil éclatent régulièrement espacés, avec ce bruit sec des armes de guerre. C'est un tir militaire.

Je ne félicite pas les tireurs. Les balles pleuvent sur le lac après avoir dépassé la butte. Plusieurs sifflements caractéristiques se font entendre.

Avec un empressement facile à comprendre nous nous apprêtons à filer. Mais, auparavant, l'un de nous extrait du bandage de sa roue arrière (un gros plein fort heureusement) un gigantesque clou qu'il met précieusement dans sa poche. J'adresse immédiatement au ciel un regard reconnaissant pour ce qu'il a daigné éloigner ce clou de mon pneu et, quelques minutes plus tard, nous entrons dans Wallenstadt, où nous prenons congé de notre ami Suisse en buvant quelques verres de bière à nos santés.

Nous quittons avec regret, je le confesse, une gentille brasserie : zum Hirsch, où deux charmantes Hébès, l'une blonde et l'autre brune, vont et viennent curieuses de voir ces étrangers, et surtout très heureuses de se sentir admirées. Admiration parfaitement justifiée d'ailleurs. L'un de nous plus sensible que les autres refuse de partir. Il faut un éloquent (?) discours et la promesse de merveilles plus grandes encore pour le décider à nous suivre. C'est ce qu'il fait en rechignant.

Jusqu'à Sargans la route longe la chaine des Churfursten, au milieu de terrains marécageux.

Le paysage est assez peu pittoresque ; seuls, de vieux burgs ruinés couronnant les hauteurs l'animent un peu.

Sargans (13). — Cette petite ville est placée entre le Rhin et la Séez qui verse ses eaux dans le lac de Wallenstadt. Là, le Rhin oblique brusquement à l'Est pour séparer, jusqu'à Rorschach, l'Autriche de la Suisse. Sa vallée très large s'ouvre devant nous.

Les géographes font remarquer qu'il faudrait peu de chose pour que ce fleuve, continuant en ligne droite, confondît ses eaux avec celles de la Séez et devînt dès lors tributaire non du lac de Constance, mais de celui de Wallenstadt, puis de Zurich. Un simple dénivellement de 6 mètres, ou de grandes crues, amèneraient ce petit changement d'itinéraire, qui pourrait gêner fort les riverains du lac de Zurich. Il paraît même qu'en 1618, après de fortes pluies, le Rhin allait s'offrir cette légère variante à son itinéraire, quand les gens de la vallée, très inquiets, parvinrent, grâce à de fortes digues, à arrêter cette fantaisie ruineuse d'un fleuve par trop émancipé.

Ragatz (8 kilom.). — Ragatz est une des stations balnéaires les plus fréquentées de Suisse, disent les guides. Tant pis !

J'ai vu en effet beaucoup d'hôtels, beaucoup de villas, beaucoup de bazars, beaucoup de photographes, mais c'est tout ; peu ou pas de maisons privées. Tout le monde ici vend quelque chose. Les touristes exceptés, bien entendu, pauvres diables que l'on s'entend à merveille à plumer vifs.

C'est dommage, la ville est jolie, agréablement située à l'entrée des gorges de la Tamina, torrent impétueux qui traverse la ville et va se jeter dans le Rhin à quelque distance de là. Avant d'aller admirer cette gorge célèbre et l'étroit couloir qui conduit aux sources chaudes de Pfœffers, il nous faut trouver notre déjeuner.

Après de nombreuses hésitations et maints détours, nous optons pour l'hôtel Krone. Pourquoi ? Je n'en sais rien, mais le choix est malheureux. Nous payons 4 francs un affreux déjeuner. Puis en route. Laissant là nos machines, nous remontons à pied les rives de la Tamina.

Photographes mes amis, voilà une belle occasion de placer quelques douzaines de plaques. 8 jours seraient agréablement employés à *faire* ces mille sites si variés, changeant à chaque pas. Les guides trouvent le paysage grandiose. C'est inexact, à mon avis. Je le trouve coquet, gracieux, d'une fraîcheur délicieuse. La Tamina coule, il est vrai, à grand fracas, rapide sur ses éboulis de rochers.

Mais la montagne est si verte, le chemin qui serpente au milieu des bois est si frais, la lumière si belle que je trouve coquet ce qui me paraîtrait peut-être sauvage et grandiose si je le voyais par la brume, dans l'orage, ou sur le soir.

Ainsi s'expliquent peut-être les différences d'impressions que produisent souvent les mêmes sites sur les différents touristes.

Sur notre chemin, nous croisons une foule de voyageurs qui se hâtent vers Ragatz. Les cloches des hôtels tintent : c'est le déjeuner. De longues mistress anglaises, de blondes miss chlorotiques aiguisent leurs incisives et allongent le pas.

La route monte lentement, elle serait certes praticable en bicyclette, mais à quoi bon ! Rien ne délasse comme un moment de marche à pied. Nous mettons une heure et demie pour arriver aux bains de Pfœffers. Mais nous avons flâné, admiré tout à notre aise sur la route.

Un vaste monument, lourd et massif comme une caserne, ferme le chemin. Ce sont les bains. Nous pénétrons dans un vaste couloir et prenons nos billets (1 franc) pour la source. Nous voici bientôt une dizaine. Un guide arrive, enveloppe sa petite troupe d'un coup d'œil, et en avant, à travers cet immense et éternel couloir, que remplissent de vagues odeurs plus ou moins pharmaceutiques, rappelant tout à fait la salle d'hôpital.

Enfin, nous voilà dehors, et bientôt nous entrons dans une gorge étroite, unique dans son genre, bien autrement sauvage que celles du Trient. On suit une longue galerie de bois suspendue à quelques mètres au-dessus des eaux, qui fuient avec un bruit assourdissant, se heurtant aux mille saillies des parois. Une vague lueur qui descend par l'étroite ouverture de cette fissure se réfléchit sur l'écume de l'eau, l'éclairant d'un pâle reflet. La galerie accrochée aux parois, fait circuits sur circuits. Vers le milieu, nous découvrons, comme vus par une gigantesque lorgnette, l'orifice de la gorge et l'hôpital. Puis tout disparaît.

On franchit des flaques d'eau glacée où les dames pataugent en poussant de petits cris d'oiseau mouillé et en se retroussant sans souci. Bientôt, au-dessus de nous, un pont naturel réunit les deux lèvres de l'étroite fente. Sur ce pont passe la route qui va des bains au village de Pfœffers. Encore quelques détours, et une vapeur épaisse s'élève. Ce sont les sources chaudes, ou plutôt leur trop plein, qui se jettent dans la Tamina.

Là s'arrête la galerie. On pénètre alors dans un couloir qui mène aux sources. On retire vestes et gilets. Les bougies s'allument et nous suivons le guide qui nous énumère en trois langues le nombre de litres débités, les degrés en Celsius, Fahrenheit, Réaumur et centigrades. Il passe un verre d'eau fade et tiède à chacun de nous.

Et c'est tout. La visite est terminée. Le guide est pressé, hâte le retour, jette en passant des noms, des chiffres que j'entends sans écouter, admirant cette merveille, ce travail d'une nature patiente. Mais il faut marcher. Une caravane d'Anglaises au maigre corsage, d'Allemandes hanchues, attend notre retour pour repartir.

Nous retraversons le couloir aux senteurs

pharmaceutiques tout rempli de bibelots et de photographies, et, au bout d'une demi-heure, nous arrivons à Ragatz.

Avant de partir pour Coire, l'idée nous vient de profiter du Wartensteiner-Seilbahn, autrement dit du funiculaire, pour voir le panorama, assez médiocre d'ailleurs, que l'on découvre du sommet du Wartenstein (0 fr. 80 aller et retour).

Ragatz à Coire (19 kilom.). — 19 kilomètres peu intéressants à travers de pauvres villages sales, aux rues étroites, remplies d'indigènes misérables, encombrées de charrettes et de canards au plumage hérissé et malpropre. Des enfants déguenillés mais criards nous escortent.

La route, assez sinueuse, gravit et descend d'innombrables montagnes russes. Enfin, une vaste allée de peupliers s'ouvre devant nous. Voici Coire. Il était temps. Mon pneu arrière est à bout de souffle. Noblement, la caravane défile par les rues, au grand ébahissement des bons bourgeois surpris. Halte ! Voici la Croix-Blanche, hôtel simple, propret et de prix modestes. (Souper, 2 fr. 50, chambre 2 fr., dîner 3 fr., vin compris).

Les machines sont soigneusement abritées dans une vaste remise, et nous voilà courant la ville, admirant les boutiques, contemplant les étalages, les photographies. Mais une splendide brasserie, la Calenda, nous arrête bientôt, et nous finissons notre soirée par quelques instants d'entretien avec l'excellente bière de Munich qui se débite en cet endroit.

∴

6 Août. — *Itinéraire de ce jour : Coire (590), Ems-Reichenau 10 kilom., Rhazuns, Rothenbrunnen, Katzis (666), Thusis (719) 16 kilom. — Total : 26 kilom.*

Coire ou Chur, comme vous voudrez, est une assez banale petite ville que traverse la Plessur, un affluent du Rhin. En fait de curiosités autres que sa pittoresque situation à l'entrée de l'Engadine, dans un cirque de montagnes abruptes, je ne trouve guère à signaler que sa cathédrale, Saint-Lucius.

Nous parlementons avec des cornettes blanches pour nous faire ouvrir. De curieuses sculptures, des tombeaux, une descente de croix d'Albrecht Dürer valent bien les vingt sous d'entrée.

Les petites rues étroites, tortueuses des vieux quartiers, ne manquent pas de pittoresque. Bien mieux, c'est jour de marché. Une foule de paysans, paysannes, sont venus à la ville. Costumes bizarres, tirant l'œil. Parapluies extraordinaires. C'est ce dernier *article de toilette* qui m'a le plus frappé dans les Grisons. J'entends parmi les curiosités de ce genre. Bleus, rouges ou verts, à monture métallique, puissants, capables de résister aux vents les plus violents, tiennent de la tente et du parapluie, plus de la première que du second, n'ont rien de commun avec les objets de même nom issus des magasins du Louvre ou autres. N'oubliez pas de déguster à la Hofkellerei le vin de l'Archevêque. Pour terminer, une visite à la Calanda, excellente brasserie qui porte le nom de cette grosse montagne, bosselée, en marmite renversée, qui garde Coire des vents du Nord.

Voici midi. Un de nos compagnons, notre brave Nancéen nous quitte, rappelé par ses affaires ou par la nostalgie. Mais s'il nous quitte, un autre nous rejoint, l'ami Mersy, de Dijon. Le quatuor restera au complet. Le train qui emmène l'un est à peine parti que l'autre arrive amenant notre nouveau compagnon, lequel se désole au récit des merveilles parcourues, de les avoir... traversées, c'est le mot, en tunnel.

Maintenant, vite à l'hôtel, et en route. Au moment de partir, je m'aperçois, avec douleur, que mon pneu arrière est crevé. Un gigantesque clou le perfore. Je ne m'étais pas aperçu, la veille, de l'accident. J'avais dû faire une dizaine de kilomètres avec ce clou, sans remarquer autre chose qu'un aplatissement un peu anormal, mais pas exagéré cependant. En 10 minutes, montre en main, la réparation est faite.

En avant. Il est déjà 3 heures, et le temps menace. Nous franchissons la Ples sur surun vieux pont noirci. Devant l'hôtel Steinbock, le grand hôtel de l'endroit, les voyageurs ahuris nous regardent passer curieusement. Une rangée d'attelages bizarres, guimbardes lourdes aux coussins fanés, aux portières mal closes, attendent les touristes qui doivent parcourir la Via Mala. Nous traversons un long faubourg mal pavé, gras, glissant, passons devant les casernes et l'école d'Agriculture, et nous voilà enfin roulant vers Reichenau. Quelle route affreuse ! 20 centimètres de poussière sur une couche de galets mal arrondis, telle est l'adorable piste sur laquelle nous avançons à très modeste allure.

Bientôt nous atteignons le gros village d'Ems. La route remonte à l'ouest. Notre train s'accélère, car de gros nuages noirs, striés d'éclairs incessants, débouchent des deux vallées du Rhin et viennent sur nous. Le tonnerre roule sans arrêt. A peine sommes-nous à Reichenau que l'orage éclate avec violence. Nous revêtons nos caoutchoucs et attendons stoïquement sous les arbres, faute de meilleur abri, une accalmie, qui tarde à venir.

Reichenau est situé au confluent du Rhin antérieur et du Rhin postérieur. C'est un modeste hameau devenu célèbre par le séjour qu'y fit, en 1793, le duc de Chartres. Celui qui devait être plus tard Louis-Philippe enseigna pendant huit mois, au château de Reichenau, les mathématiques aux enfants, sous le nom très peu royal de Chabot.

L'orage se prolonge. Il faut partir malgré la pluie. Nous passons le Rhin antérieur (Vorderrhein) sur un pont en bois couvert, et nous laissons à notre droite la route d'Andermatt. Bientôt commence une montée assez pénible, surtout dans cette poussière épaisse que détrempe la pluie, et nous voilà à *Bonaduz*, village assez malpropre, où nous nous arrêtons cependant un moment pour laisser passer la pluie qui tombe de nouveau à torrents.

Ici commence la vallée de Domleschg. Quelle route ! si l'on peut appeler route une nappe de boue liquide épaisse de 15 à 20 centimètres, où machines et cavaliers glissent effroyablement. Partout de profondes ornières creusées par les diligences et véhicules de toutes sortes qui nous croisent ou nous dépassent. Nous marchons à 7 ou 8 kilomètres à l'heure. Un de nous, fatigué par cette lutte perpétuelle contre sa machine qui glisse et n'avance pas, met pied à terre. Il sera à Thusis une demi-heure à peine après nous. Nous aurions aussi bien fait de l'imiter. Mais l'on s'obstine et, glissant, patinant, tombant, se relevant, nous traversons d'affreux villages : Rhazuns, Katzis, pauvres et délabrés.

Puis la route, établie sur des alluvions, devient meilleure, en ce sens qu'elle est moins glissante. Nous longeons le Rhin. Le courage revient. Au reste, nous apercevons devant nous la crevasse étroite et noire où s'enfonce la Via Mala. Quelques minutes encore de patience et voici Thusis.

Thusis est une longue rue boueuse, bordée de petites maisons basses, aux portes étroites.

D'un côté le Rhin qui court rapide, comme soucieux de la longue route qui lui reste à fournir, en roulant avec fracas d'énormes galets.

De l'autre, la montagne pelée, rasée par les *lavanges*, creusée de longues rigoles où glissent les torrents.

Nous cherchons vainement place dans un petit hôtel propret et simple, hôtel de la Croix-Blanche, qui se trouve à l'extrémité du pays. Toutes les chambres sont occupées par des officiers en manœuvres. Nous nous résignons à descendre vis-à-vis la poste, *Hôtel Post et Kurhaus*, où un maître d'hôtel aux allures seigneuriales, en frac avec chemise éblouissante de blancheur, daigne nous recevoir et nous indiquer négligemment un numéro proche des combles.

A peine avons-nous pris possession de nos chambres que des diligences arrivent chargées de voyageurs. Les pauvres diables, à demi-enkylosés au sortir de ces boîtes étroites, mal suspendues, errent péniblement, claudicant dans la boue à la recherche d'un gîte. Tout est plein. La désunion règne dans les familles. L'un couche au midi, l'autre au septentrion, bien heureux encore de trouver un toit. Quelques-uns doivent continuer jusqu'à Sils.

Souper très médiocre, trois morceaux de pomme de terre et une lame mince de bœuf jadis gras, mais service brillant. Vin plus médiocre encore, mais cher. Je veux, pour faciliter la digestion de ce repas par trop rudimentaire, m'offrir un petit verre de rhum. On me sert une mixture alcoolique voisine de 90°. Des gargarismes sont insuffisants pour remettre en état ma muqueuse pharyngienne desquammée par ce trois-six incandescent.

(Prix : chambre, 2 francs ; service, 0,50 ; dîner, 3 francs !) — *A éviter.*

7 AOUT. — *Itinéraire de ce jour : Thusis (719) ; Via-Mala, aller et retour à pied : 8 kil. ; Thusis-Sils-Alvaschen-Tiefenkasten (889) 19 kil. ; Burwein-Conters-Savognin (1168) ; Tinzen (1289) ; Roffna (1458) ; Molins (1461) 16 kil. Total : 43 kil.*

Dès l'aube, nous sommes éveillés par le bruit des chevaux qu'on attelle : des postillons galonnés d'argent surveillent gravement les préparatifs. En quelques instants, nous sommes sur la route, prêts à parcourir à pied les 3 ou 4 kilomètres de la Via Mala. Nous reviendrons, une fois cette visite faite, prendre à l'hôtel nos machines pour gagner, par le défilé du Schyn, Tiefenkasten et le chemin de l'Engadine.

A la sortie de Thusis, nous traversons *la Nolla*, singulier torrent aux flots d'encre, qui va salir les eaux limpides du Rhin. Ce torrent roule, en effet, un limon noir provenant de la décomposition des schistes de la montagne.

Nous laissons sur notre gauche la route du Schyn, et, par une pente douce mais continue, nous pénétrons dans un défilé sombre et froid qui justifie pleinement le nom quelque peu lugubre de Via Mala. La route étroite, taillée dans le roc, suit alternativement d'abord la gauche, puis la droite du Rhin, qui coule au fond d'un gouffre, à une profondeur vertigineuse. De hauts murs verticaux, dont le redressement atteint et parfois dépasse 500 mètres, enserrent cette étroite fissure où le jour perce à peine.

Nous passons un premier pont. Bientôt la vallée s'élargit quelque peu et, dans un cirque étroit mais tout ensoleillé à cette heure, s'élèvent quelques pauvres chalets-restaurants. Un peu plus loin, un deuxième pont, le pont du Milieu : c'est l'endroit le plus curieux du passage. Formé d'une seule arche, ce pont enjambe le Rhin à plus de 400 pieds de hauteur. Nous allons chercher très loin un énorme bloc de granit. Hissé à grand'peine sur le bord et jeté dans l'abîme, il tombe, je dirais presque lentement, tant la chute est longue, et s'engouffre avec fracas dans les eaux.

Continuant quelques pas encore, nous apercevons à notre gauche une saillie rocheuse. En se couchant sur ce rocher, on a sous les yeux, c'est le mot, un spectacle vraiment effroyable. Je ne conseille à personne de le contempler autrement que couché. Les eaux, avec une violence inouïe, tombent, elles ne coulent pas, dans une étroite fente de rochers qui n'a peut-être pas 3 mètres, et cela à plus de 120 mètres de profondeur à pic. Des blocs éboulés n'ont pu descendre jusqu'au fond et sont restés enserrés entre les deux lèvres de la fissure. Un bruit infernal monte du fond avec une odeur fade d'eau pulvérisée. Nous sommes restés longtemps là, fascinés par ce spectacle.

Le plus calme des quatre sonne la retraite. Inutile d'aller plus loin. La vallée s'élargit aussitôt, et bientôt nous arriverions dans la vallée de Schams, dont l'aspect riant contraste singulièrement avec les horreurs de la Via Mala.

Nous revenons donc sur nos pas, déjeunons sommairement dans un des petits chalets qui bordent la route (recommandé) et, deux heures et demie après notre départ, nous sommes de nouveau à l'hôtel. Donc, deux heures suffisent amplement pour voir la Via Mala depuis Thusis, à pied, et je ne conseille pas de faire le chemin en machine, à moins que l'on ne veuille, au lieu de revenir sur ses pas, continuer par le Splügen, pour Chiavenna et Come.

Nos préparatifs terminés, nous quittons (9 h. 1/2), escortés de quatre diligences, la petite ville de

Thusis, et nous filons bon train vers Tiefenkasten.

Après avoir traversé la Nolla, le chemin se bifurque comme je l'ai dit. A droite, la Via Mala aboutissant à Chiavenna et au lac de Come ; à gauche, la route du Schyn, l'entrée de l'Engadine.

Tout va bien jusqu'à *Sils*, mais, une fois là, commence une longue montée, d'abord très dure, puis s'atténuant. Au bout d'une demi-heure, nous remontons en machine. Il fait chaud. Le soleil très ardent n'a pas encore séché la route, aussi mauvaise que celle que nous avons parcourue la veille.

Les glissades, ici, ne sont pas seulement désagréables, elles sont véritablement dangereuses. Le chemin, taillé dans le roc, côtoie l'abime. A 5 ou 600 mètres plus bas, dans une étroite vallée aux flancs abruptes couverts de pins, l'Albula, aux flots blancs, tombe de cascade en cascade. Quelques bornes distantes de 4 à 5 mètres servent de parapet. Or, le sentier qui longe le bord est le seul praticable. La situation ne laissait pas que d'être dangereuse. La simple prudence aurait voulu que nous fissions la route à pied. Mais allez donc parler de prudence ! Tout le monde s'entête a rester en machine, et nous continuons à longer le précipice, les yeux fixés à dix pas, inattentifs aux merveilles que nous rencontrons à chaque instant. Enfin, l'un de nous, plus sage, songe à descendre et à contempler cet inoubliable paysage, peut-être un des plus beaux sites que je connaisse en Suisse.

Nous traversons un premier tunnel, puis un second, au milieu duquel une large baie, taillée en plein roc et garnie d'une balustrade, domine l'abime. Nous descendons pour jouir de la vue. A ce moment, les diligences nous rejoignent, à la grande joie des conducteurs, très vexés de se voir battus en montagne par ces véhicules nouveaux pour eux. Un instant après (10 h. 15), nous arrivons à l'auberge Zum Passmal.

Nous sommes alors à mi-chemin de Tiefenkasten. La route devient meilleure ; les tunnels succèdent aux tunnels.

Enfin, voici le *pont de Solis*, la merveille du Schyn, d'après les guides. Et c'est vrai. Ce pont franchit l'Albula à 60 mètres au-dessus du torrent. Nous accumulons les pierres.

L'un de nous, chronomètre en main, faisant fonction de starter et de time keeper, pour parler l'argot sportif, compte quatre secondes avant que le bruit du bloc fouettant l'eau nous revienne aux oreilles. Pendant ces opérations, d'autres voitures arrivent et passent au galop sur ce pont, sans un arrêt, alors que les pauvres voyageurs, indignes du nom de touristes, qui se font traîner sur ces affreuses pataches jaunes, se désarticulent le col à voir en une seconde ce spectacle splendide, qui nous retient un bon quart d'heure.

L'un de nous, à l'estomac distendu autant que vide, donne le signal du départ, et nous remontons en machine. Mais, 500 mètres plus loin, il nous faut mettre pied à terre, car la montée est rude. Pendant une demi-heure, nous marchons à côté de nos montures, au milieu des bois qui nous accompagnent depuis Sils jusqu'au sommet du défilé.

Alväschen : La messe vient de finir. Des bandes de paysannes jeunes et vieilles, endimanchées, enrubannées, descendent en égrenant leur chapelet.

Voici le sommet du défilé. La descente est devant nous courte et rapide, deux kilomètres et demi environ. Nous descendons prudemment, les freins serrés. Bientôt, au-dessous de nous, apparaissent les toits rouges de Tiefenkasten, des points noirs glissent sur la route, ce sont nos diligences. La vitesse s'accélère et nous arrivons *dead head* avec elles au village, à la stupéfaction grande des voyageurs et des postillons galonnés. Total : 19 kilom. en 2 heures. Ce n'est pas un record. Il est bon de dire que pendant une bonne heure nous avons marché à pied.

Déjeuner confortable dans une splendide salle à manger en bois d'arole, magnifiquement décorée, de l'hôtel de l'Albula (prix : dîner 3 francs, vin 2 fr. 50 la bouteille. Je recommande le Chianti).

A 1 heure 1/4 départ. Il nous reste 18 k. 500 à faire pour arriver à Molins, autrement dit Mühlen. Mais ici nous sommes à la cote 850 et Molins est à 1461, soient 600 mètres de différence de niveau. Ce n'est pas considérable, mais il fait une chaleur étouffante, et la montée est très roide au sortir de Tiefenkasten. Heureusement, les sources abondent, partout de l'eau glacée venue des amas de neige couronnant les cimes qui surplombent. Des bains partiels répétés nous réconfortent. Tous les quarts d'heure nous recommençons ce traitement réfrigérant, à la Kneipp. C'est souverain.

Enfin, après une heure et demie de rude montée, nous atteignons *la belle vallée d'Oberhalbstein*. Verte et riante, elle contraste étrangement avec l'aspect sauvage du Schyn et des environs de Tiefenkasten. De nombreux villages romanschs *Bürwein, Schweiningen, Tinzen*, aux petites maisons aux verts volets reposent l'œil. On est tout surpris de trouver là de gentils cottages, aux étroites fenêtres enchâssées de plomb, tendues de blancs rideaux.

Nous nous reposons à Tinzen, en prenant un verre de bière glacée. Puis en route : le but est proche. Une montée très dure nous mène à *Rofna*. Là, dans un charmant paysage d'un vert intense, de ce vert qu'on ne trouve qu'aux hautes altitudes, ou dans les pays du Nord, la Julia aux eaux merveilleusement claires, coule tranquille à deux pas de la route. Dans de larges prairies que couronnent des forêts de pins, faucheurs et faneuses se hâtent. Le soir approche. Encore quelques tours de roue et nous sommes dans Molins (Mühlen), deux de plus et nous en serions sortis. Ce modeste hameau perdu à 1461 mètres d'altitude sur la route du Julier, se compose de quelques pauvres maisons placées au débouché même du *Val da Faller* au milieu des bois et sur la Julia, dont les cascades innombrables assourdissent le pays du bruit de leurs eaux. C'est certainement pittoresque, mais c'est terriblement fatigant. Un seul hôtel, d'ailleurs excellent : hôtel zum Lowen. relativement bon marché, pour le lieu. Quel souper ! On a beau admirer la nature, l'air pur et l'eau fraiche aussi bien que la montée creusent l'estomac et c'est avec un appétit féroce que nous nous mettons à table. Les plats disparaissent en un clin d'œil. Les bonnes, surprises, chuchotent. Le personnel de la maison s'en vient contempler curieusement ces quatre paires de machoires qui travaillent si consiencieusement. Les voisins de table nous regardent du coin de l'œil avec une stupéfaction jalouse. Le Chianti fait merveille. On n'est pas Bourguignon pour rien. Les flacons au long col sont vite vidés. A 10 heures repos général.

∴

8 AOUT. — *Itinéraire de ce jour : Molins* 1461, *Marmels* (4 kil. 3), *Stalla* 1.771 (3 kil. 5), *Julierpass* 2.287 (7 kil. 7), *Silvaplana* 1.816 (8 kil. 3), *Saint-Moritz-le-Village* 1.856 (4 kil. 7), *Celerina* 1.724 (4 kil.), *Pontresina* 1.803 (7 kil. 7), *Hospice de la Bernina* 2.230 (18 kil.) *Total 57 kilom.*

A 6 heures un rayon de soleil nous éveille, vite en route. La note : diner 3 fr. 50, vin 1 fr., chambre

2 fr. 50, service 0 fr. 40. A 7 heures 1/2 nous partons lentement, à pied bien entendu. Il fait froid. De gros gants fourrés ne sont pas de trop. De temps en temps, quelques kilomètres en pente plus douce sont franchis en machine. *Marmels*, déjà les arbres deviennent plus rares. Les derniers survivants se rabougrissent. Encore quelques sapins, quelques epiceas malingres, des saules, des genevriers nains. Puis c'en est fait pour les arbres et les arbustes.

C'est la région des éboulis, et, sur la mince couche de terre qui recouvre la pierre, des mousses et des lichens que percent çà et là des saxifrages, la renoncule glaciale, de petites campanules, l'anémone alpine pâle, chlorotique, et c'est tout. Plus haut, la pierre nue, sèche, qui ne voit le soleil qu'un mois ou deux dans l'an. Plus haut, enfin, la neige.

En fumant d'interminables pipes, nous arrivons à Bivio (1.771), autrement appelé encore Stalla. A demi-gelés, nous nous arrêtons à l'auberge de la Poste et, moyennant 30 centimes, nous absorbons avec délice un bol de lait fumant. Partis à 7 heures moins le quart, nous avons mis une heure pour faire ces huit kilomètres, et nous avons bien marché. Nous repartons à 8 heures. Peu après l'auberge, nous remontons en machine et faisons ainsi une bonne partie des lacets qui conduisent au col. Mais déjà le soleil est brûlant. Il faut descendre. Phénomène curieux : au repos on grelotte, un vent glacial nous gèle les oreilles et le nez ; en machine, la sueur coule, et la crainte d'un refroidissement dangereux par cette bise glacée nous fait mettre pied à terre. C'est qu'à cette altitude, près de 2.000 mètres, la fatigue arrive vite avec l'essoufflement.

L'un de nous, cependant, plus courageux, achève sur sa bicyclette la montée. C'est, de tous les cols que nous avons franchis, le seul qui puisse se faire presque totalement en machine. Le paysage est triste et aride, les dernières plantes ont disparu. Dans la vallée, à nos pieds, quand nous nous retournons, nous revoyons, errant dans un gazon sec, grosses comme des fourmis, les vaches que les bergers bergamasques amènent, chaque été, dans ces maigres pâturages.

Enfin, voici l'auberge Veduta. C'est la fin. De là, nous apercevons, à quelque distance, le col qui franchit, à 2.287 mètres d'altitude, le puissant massif du Julier (9 h. 45). La route est plate. Encore quelques tours de roues (10') et nous saluons avec une certaine émotion et une vanité très excusable les deux blocs de schiste, les deux colonnes juliennes devant lesquelles défilèrent jadis les légions romaines. Devant nous, la descente rapide, aux lacets brusques. Chacun prend ses distances. Le paysage ne change pas : toujours des pierres, sèches et luisantes, éboulées des sommets. Sur la route, nous croisons de nombreuses voitures dont les voyageurs, enfouis sous des manteaux et des couvertures, nous regardent passer curieusement.

Puis, tout à coup, à un tournant de route, comme par un truc habilement mécanisé, un panorama merveilleux, indescriptible se déroule : toute la vallée de la Haute Engadine, de Sils à Saint-Moritz, avec ses forêts sombres, les taches éclatantes des glaciers de la Bernina, les nappes bleues de ses quatre lacs, que l'Inn réunit comme autant de perles d'un gigantesque collier. Tout cela apparaît brusquement, éclate en une symphonie étrange de couleurs disparates, heurtées : tableau vraiment inoubliable, le plus merveilleux que nous ayons encore rencontré. Je saute brusquement de machine, au risque de rouler Dieu sait où, et nous nous remplissons longuement les yeux de cet extraordinaire spectacle.

FIG. 1. — Campfer et Silvaplana avec les deux lacs des mêmes noms (Engadine).

FIG. 2. — Saint-Moritz-les-Bains et Saint-Moritz-le-Village (Engadine).

Puis, trois ou quatre lacets à la vertigineuse inclinaison nous amènent (10 h. 15) devant l'hôtel ou plutôt la succursale de l'hôtel Zum Wilden Mann, où quelques verres d'excellente bière nous remettent, sinon de nos fatigues, du moins de nos émotions assez fortes.

A 2 heures, départ pour Saint-Moritz, Pontresina et la Bernina.

Silvaplana est situé sur l'Inn, aux confins des deux lacs de Campfer et Silvaplana (FIG. 1) que traverse ce fleuve.

La route, très agréable, longe ces lacs et s'élève lentement jusqu'à Saint-Moritz. Elle est très bonne. Nous traversons bientôt Campfer. Vers le milieu du village, on trouve deux routes : celle de droite allant à Saint-Moritz-les-Bains, celle de gauche qui monte directement à Saint-Moritz-le-Village (1856) (FIG. 2). Nous prenons celle-ci. Elle est assez roide jusqu'à la sortie de cette petite station balnéaire, très fréquentée comme sa voisine du même nom placée plus bas. Sur les innombrables hôtels, qui s'y disputent les voyageurs, la croix fédérale flotte.

Péniblement, nous traversons le village, mal pavé, à pente très roide. A peine avons-nous fini cette désagréable ascension au milieu d'une foule de badauds, baigneurs de tout âge et de sexe varié, que la descente nous entraîne, très douce, jusqu'à Celerina. Un peu après la poste, la route bifurque : à droite, la route directe de Pontresina, à gauche celle de Samaden.

Prenant à droite, nous passons l'Inn, puis le Berninabach et, au-delà de ce torrent, nous retrouvons la route de Samaden à Pontresina. A quelques kilomètres de là, le Rosegg nous apparaît dans toute sa splendeur. Sous un soleil éclatant qui fait reluire les aiguilles des pins, les glaces miroitent éblouissantes, à peine tachées de longues trainées sombres, les moraines qui descendent lentement dans la vallée.

Encore quelques instants, et nous arrivons à Pontresina.

Pontresina, le Chamonix ou le Zermatt de la Suisse grisonne, est un petit hameau de 4 à 500 habitants, admirablement situé dans une étroite faille que dominent les pics Languard, Corvatsch et diverses autres cimes de moindre importance. L'Oberland Bernois n'a certes rien de plus beau. Un moment d'arrêt, un verre de bière, et nous continuons (3 h. 1/2). Nous remontons à pied la grande rue de Pontresina. Devant nous, la route de la Bernina. Nous laissons à droite le chemin qui conduit à proximité du glacier de Morteratsch et aux merveilleuses chutes du Flatzbach. Mais nous renonçons pour cette fois à cette excursion complémentaire et très recommandable. Une interminable file de voitures s'engage sur ce chemin.

La montée s'accentue. Bientôt le Morteratsch et les cimes neigeuses qui le dominent nous apparaissent. Nous sommes au point de vue de Montebello. C'est d'ici que le glacier apparaît dans toute son étendue, encaissé entre le Piz Chalchang et le mont Pers, dominé par les Piz Palu, Bernina et Morteratsch.

C'est le véritable type du glacier. Mon cœur de géologue tressaille d'aise. Moraines latérales, médianes et frontale : tout y est d'une netteté admirable.

La pente devenant moins raide, nous remontons en machine. On pourrait à la rigueur finir ainsi toute la montée. C'est ce que fit l'un de nous. Mais il faut compter avec l'essoufflement dû à l'altitude, *l'asthma montana*, comme l'appellent les docteurs de l'endroit.

Bientôt nous longeons un groupe de maisons blanches, les Bernina Haüser (2.049) perdues dans un cirque sauvage, au sol aride. Nous croisons sans cesse d'innombrables voitures, diligences de tous formats qui reviennent de l'hospice de la Bernina. C'est en effet une des promenades favorites des touristes en séjour à Pontresina.

Nous laissons sur notre gauche les val del Fain, val Minor, étroites coulées sombres, entamant le massif montagneux.

A notre droite, les cimes blanches de la Bernina nous accompagnent toujours. Le soir approche. Il fait déjà froid, et nous marchons bon train sur un assez large plateau (2.230) qui nous amène à une étroite langue de terre séparant deux petits lacs, étangs plutôt que lacs, le lac Blanc (lago bianco) et le lac Noir (lago nero). Chose curieuse ! De ces deux lacs, le lac noir et une étroite flaque d'eau, lago minore, versent leurs eaux dans le Berninabach et par lui dans l'Inn, tributaire de la mer Noire. L'autre, le lac Blanc, envoie ses eaux dans l'Adda, c'est-à-dire à l'Adriatique.

A la fonte des neiges, ces lacs débordent, se confondent et nous avons ce fait curieux d'une seule et même nappe d'eau se déversant dans deux bassins différents, celui de la mer Noire et celui de l'Adriatique. O géographes ! montrez-moi donc la ligne de partage des eaux, cette belle ligne rose ou bleue qui découpe vos cartes! Enfin! nous atteignons l'Hospice (5 h. 1/2), vaste et solide bâtisse avec cette très fière inscription : Dieu et patrie (et le voyageur donc?)

L'étape a été dure. Nous marchons depuis 6 heures 1/2 du matin, sans autre repos que la halte du repas et un court arrêt à Pontresina. Cependant nous n'avons fait qu'une soixantaine de kilomètres ; mais voici les cotes extrêmes de notre route : 1.461-2.287-1.816-2.230. Ces alternatives d'ascension et de descente excuseront peut-être notre fatigue aux yeux des intrépides qu'elle pourrait faire sourire.

Est-ce l'altitude, la fatigue ou ces deux choses à la fois! l'un de nous à bout de force, pâle et défait, prêt à se pâmer, me supplie avant toute autre chose de lui faire servir un bol de lait chaud. On n'entend pas un mot de français, Je me précipite et il engloutit bientôt avec volupté le breuvage sauveur. La fringale passée, le voilà remis, prêt à repartir. Mais non, c'en est assez pour un jour. Nous coucherons ici, la vue est belle, l'hôtel confortable, les prix raisonnables, la cuisine et les vins excellents ; que faut-il de plus ! Dans une immense salle à manger où 300 personnes tiendraient à l'aise, nous prenons un succulent repas, en compagnie d'aimables convives Suisses et Allemands, voire même un Russe qui, du reste, ignore le Français, mais qui parle terriblement bien l'allemand. J'ai encore des doutes sur la nationalité réelle de ce brave homme.

(Prix : souper 2 fr. 50, vin 1 fr., chambre 2 fr. 50 (service compris), déjeuner du matin 1 fr. 20). Donc recommandé.

∴

9 AOUT. — *Itinéraire du jour : Hospice (2.230) à Poschiavo (1011), 17 kil. 8 ; Le Prese (963) 4 kil. 5 Brusio (755) 5 kil. 4 ; Campo-Cologno* (frontière et douane italiennes), *3 kil. 9 ; Tirano (450) 4 kil. Total 35 kil.*

Soir : Lovero-Mazzo-Grossetto (599) ; Grosio (661) Tiolo-Bolladore (865) 19 kil. ; San Martino (2.095), Tola, Ceppina, San, Lucia, Bormio (1.225) 19 kil.

Total : 73 kil. pour l'étape de la journée.

Vers les 7 heures, je m'éveille. Il fait bien sombre. La pluie tombe ou plutôt un brouillard épais se condense sans bruit.

Les gargouilles crachent l'eau avec rage, nous sommes dans la pluie. Grand conseil ! Faut-il partir ? Oui. A pareille altitude, c'est la région des nuages.

Peut-être qu'à 2.000 mètres plus bas le temps est beau. N'est-ce pas l'Italie ? Oh Mignon !

En route ! Le thermomètre marque 2 degrés. Il est 8 h. 1/2. Nous revêtons jambières et pèlerine de caoutchouc. De gros gants de laine fourrés protègent nos mains. Un adieu à nos hôtes et partons. Nous nous enfonçons dans le brouillard épais, nous voyant à peine les uns les autres. La route monte lentement. Devant nous une galerie profonde s'ouvre sombre et peu rassurante. Nous disparaissons dans ce couloir au sol mouvementé, un peu inquiets, fortement secoués par de profondes ornières où l'on s'enfonce sans rien voir. Une vague lueur marque le fond. C'est le col 2.234. Le sol est sablonneux, heureusement. Détrempé par la pluie, il cède sous nos roues qui y creusent de véritables ornières. C'est un frein puissant qui va nous permettre de descendre sans trop de danger les lacets sans fin, à angle aigu, à l'inclinaison vertigineuse qui nous entraînent, malgré nous, à grande vitesse vers la Valteline. Du paysage je ne dirai rien. Nous distinguons à peine la route à 3 ou 4 mètres. Je crois que sans le brouillard qui nous cachait ces effroyables pentes côtoyant l'abîme, nous ne nous serions pas risqués en machine sur cette prétendue route qui fait peu d'honneur aux ingénieurs de l'endroit. Elle est cependant récente car elle ne date que de 1863. Mal protégés par des balustrades en bois, les lacets se succèdent, se coupant à angle vif, les virages se font sur place, la machine très inclinée.

Nous descendons rapidement, la température s'élève progressivement. Le brouillard peu à peu disparaît, nous avons quitté la région des nuages.

Tous les quarts d'heure, un moment d'arrêt pour contempler le paysage et reposer nos mains. Pour comble de bonheur sur cette route étroite, voici des diligences qui viennent d'Italie et montent au col. Dans la première que nous croisons, une charmante jeune femme pousse un « Ah ! par exemple » qui marque une extraordinaire stupéfaction. C'est que sans nous en douter et malgré nous notre allure est très rapide. Cela se voit à l'air effrayé des braves gens, touristes ou bergers que nous rencontrons. Ils s'attendent à nous voir filer par dessus les balustrades au premier tournant.

Vain espoir, ou vaine frayeur !

Nous arrivons dans la vallée d'Agone. Une charmante hôtellerie, l'Albergo della Rosa, attire le touriste. La pente se calme un moment pour reprendre au milieu des bois. Attention : un torrent barre la route, 40 ou 50 centimètres d'eau sont insuffisants pour nous noyer, mais c'est un bain désagréable. J'arrête avec peine ma machine et la hissant sur mon dos je traverse sur une petite passerelle de bois. L'eau coule, tombe de partout.

Heureusement encore que la pluie ne s'en mêle pas.

C'est un bien merveilleux spectacle que cette nature tourmentée faite de masses mal équilibrées. menaçant ruine, d'entassements de rochers, entre lesquels se glissent mille torrents, au bruit étourdissant.

Le contraste est fourni par de petites maisonnettes d'arole noirci, aux minuscules fenêtres serties de plomb, qui miroitent larges comme des hublots. Autour du chalet, un modeste champ large comme une couverture ; à côté, quelques lambeaux de prairie. Le moindre espace entre les rochers est, en effet, couvert d'une herbe courte, d'un vert sombre. Des vaches paisibles aux gros yeux ronds nous regardent aussi inquiètes que le petit berger qui les garde. Le chef de la bande, une énorme marmite pendue à son cou, bien d'aplomb sur ses quatre jambes, se tient sur la défensive.

Pisciadella — Voilà le premier village rencontré depuis l'Hospice. Les gamins crient, les chiens jappent ; c'est encore la Suisse, mais c'est déjà l'Italie. Nous filons grand train.

Poschiavo. — Longue rue sale, bordée de maisons bariolées de vives couleurs, enserrée entre le Poschiavino et la montagne. Nous sursautons sur nos machines affreusement secouées par un mauvais pavé.

La route passe ici sur la rive droite. En 17 kilomètres nous avons descendu plus de 1.200 mètres et encore la pente a beaucoup diminué depuis Pisciadella.

San Antonio (995) puis le Prese sont successivement traversés. Le Prese est un joli petit village avec d'élégantes villas et de confortables hôtels. C'est en effet une station balnéaire (eaux sulfureuses) assez fréquentée, merveilleusement située sur le bord d'un joli lac, frais et coquet, véritable coupe azurée au fond d'un cirque abrupt.

La route côtoie la rive ouest du lac jusqu'à son extrémité d'où s'échappe impétueux le torrent du Poschiavino.

Meschino. — La route en pente raide, encaissée dans un chemin étroit, s'allonge interminable entre de blanches murailles incandescentes, qui soutiennent des vergers.

Brusio, Campo-Cologno. — Tous ces villages se succèdent à petite distance, ensoleillés. Voici la douane suisse ; Campo-Cologno est en effet frontière. Nous stoppons. Je prends un passe pour nos machines moyennant 20 centimes. On les plombe et nous repartons. L'opération n'a pas duré plus d'un quart d'heure. A la sortie du village, une barrière : c'est la frontière. A 100 mètres plus bas, une bâtisse blanche à gauche de la route et sur le bord du torrent. Devant la porte, un personnage d'opéra-comique, doré sur toutes les tranches, képi, col et pantalon. C'est un douanier italien. Il est profondément plongé dans la lecture de son journal, et, certes, à l'allure dont nous filons, nous aurions passé dix fois avant qu'il ait pu revenir de sa stupéfaction. J'y pense un instant, mais le télégraphe est là. Nous serions pincés un peu plus loin, mieux vaut descendre.

L'employé nous baragouine quelques mots en Italien, je lui réponds tranquillement dans sa langue : « Je ne comprends pas, parlez-moi français. » Il rentre dans le bureau, et aussitôt un jeune employé sémillant, un feutre géant sur sa mince personne arrive et, mi-français, mi-italien parlant, il m'apprend que nous devons faire : « Oune déposite di ottanta quattro lire pour l'importazione de chacoune des quattro velotchipèdes. » Ça fait en tout 336 francs plus les frais. J'avance trois billets de 100 francs et deux louis. Le capitano doganiere, gros homme ventru aux yeux glauques et hagards, qui m'a l'air vexé de ce que nous avons réclamé l'intervention d'un interprête, alors que nous semblons comprendre sa conversation, nous refuse nos billets de banque. Il veut, prétend-il, des billets d'Etat italiens, voire de banques italiennes. Je ne puis m'empêcher de lui répondre que nos billets font prime, tandis que son papier italien ne vaut pas cher la livre : ce n'est pas le moyen d'arranger les affaires.

Bref, il exige que nous retournions à Brusio ou à Campo-Cologno chercher de l'argent ou des billets italiens. Nous sommes forcés d'en passer par là. L'un de nous part et revient une demi-heure après chargé comme plusieurs mulets avec 200 francs en argent, soit un kilo de surcharge dans sa poche. Les yeux du capitano s'éclairent. Il sort de sa torpeur. Jamais de sa vie il n'a, je crois, contemplé à la fois tant d'argentin métal. Il compte les écus, les recompte, les soupèse, les examine, les flaire. Le tout dure un bon quart d'heure. Nous commençons à bouillir d'impatience et, peu soucieux de cacher notre mécontentement, nous nous exprimons en termes assez vifs sur les fonctionnaires italiens. Or, je crois qu'il comprend quelque peu le français notre capitano doganiere, plus qu'il ne veut l'avouer. Je vois cela à ses yeux verts qui deviennent rageurs. En tout cas, il ne songe pas à en finir. Tout à coup, une idée me vient : le noble capitano attend vraisemblablement que je lui fasse hommage de la pièce de cent sous qu'il carresse depuis un instant dans sa main. Le regard sévère de Umberto primo collé au mur m'arrête. Je ne veux pas détourner du devoir cet honorable doganiere.

Enfin, voici nos machines plombées, nos papiers, trois vastes feuilles timbrées, retimbrées sont prêts. Tout est enfin fini, il ne reste plus qu'à nous rendre la monnaie des cent sous que le capitano caresse toujours avec amour. Sur les quatre employés du bureau, capitaine, lieutenant et scribes, pas un n'avait, je ne dirai pas la monnaie de cent sous, mais le quart de cent sous. Nous devons faire l'appoint. Si cela peut tranquilliser les porteurs d'obligations italiennes, j'en suis charmé. Mais voilà de pauvres diables d'employés qui ne doivent pas voir souvent les bons du Trésor.

Enfin, nous quittons, sans les saluer bien entendu, les grotesques douaniers de Campo-Cologno. C'est un mauvais début pour notre séjour en Italie. Il est vrai qu'il sera court.

Il est midi. Nous avons donc parlementé une

heure, perdu 336 francs et descendu 1.800 mètres, c'est une matinée bien remplie.

— A quelques pas de là, nous passons devant le joli campanile de la Madonna di Tirano, sur une belle et vaste place. Une longue avenue de peupliers nous amène à Tirano. Nous traversons l'Adda. Devant nous, au bord même du torrent, car ici l'Adda est plutôt torrent que fleuve, l'hôtel du Stelvio. Halte ! L'auberge a l'air assez malpropre. Un garçon crasseux nous ouvre la remise, où nous logeons nos machines. Un bon tour de clé et allons dîner.

Je plains les touristes timides qui voyagent en Italie. Ils ont, surtout dans les petites villes, l'absolue certitude d'être plumés tout vifs, ce qui est tout aussi désagréable pour eux que pour les plus humbles volatiles. Nous marchandons notre déjeuner. De 3 fr. 50, vin non compris, les prix tombent à 3 francs, vin compris cette fois.

Pour appeler le garçon, inutile de frapper les verres, de sonner, crier, on siffle. Ce procédé sommaire autant qu'élégant nous a été enseigné par le doganiere de Campo-Cologno qui sifflait ses hommes, comme chez nous on siffle ses chiens. Nous essayons le procédé. Il réussit à merveille. Le garçon se précipite comme une trombe. C'est bref, mais commode. Le dîner est médiocre. Quand vient la note, nouvelle explosion de plaintes, on nous fait 10 °/₀ de remise comme membres du C. A. F., et surtout parce que nous semblons grincheux. Nous avons ainsi à un prix raisonnable, 3 fr. 50, un dîner, café et vin compris, qui sans cela nous eut coûté 5 francs et plus. Je signale ceci à ceux de nos confrères en cyclotourisme, que le hasard du chemin conduirait en Italie.

A 2 h. 1/2, départ. Nous avons, depuis l'hospice, descendu 1.770 mètres. Il va maintenant nous falloir remonter jusqu'à Bormio de 765. Voici une des plus pénibles étapes de notre longue route. Il fait une chaleur étouffante, 50° dit le thermomètre du restaurant Ce matin, nous grelottions avec 2 degrés. Soient 48° de différence.

Pour comble de bonheur, la route monte d'une façon continue, pas assez cependant pour que l'on mette pied à terre, sauf à la sortie de Tirano. Elle serpente à mi-côte entre des champs de maïs hauts de deux mètres et de mûriers, encadrés de vignes feuillues aussi élevées que des houblonnières.

Sernio, Lovero, Tovo, Mazzo. — Tous ces villages aux ruelles étroites et sales, défilent successivement. Gamins et gamines loqueteuses, pieds nus, courent après nous, une main tendue, quêtant un sou, de l'autre nous envoyant des baisers. Les parents regardent d'un œil bienveillant cette petite manœuvre, qui reste d'ailleurs sans succès. La traversée de ces villages se fait lentement, sur des pavés gras, glissants, dans un dédale inextricable de ruelles, au milieu d'enfants, de chiens, charrettes abandonnées. Quel pays malpropre !

En revanche, les églises, souvent fort belles, abondent, pullulent. Partout dans la vallée, sur les hauteurs, des clochers, de vieux bourgs ruinés se dressent. A Mazzo, la route traverse l'Adda. Nous avons été poursuivis jusqu'ici vainement par un officier de douaniers, en voiture, qui allait visiter le poste de Mazzo. Dépassé sur la route, il poussait sans pitié un pauvre cheval étique, dans l'espoir de nous rejoindre.

La vallée s'encaisse de plus en plus. A chaque instant, un torrent coupe la route. Mais heureusement les eaux sont peu profondes, 10 ou 20 centimètres, et nous les traversons en machine. C'est bientôt une distraction.

Après *Grosio* (661), nous retraversons l'Adda et

continuons sur la rive gauche jusqu'à *Bolladore*. Arrivés là, nous nous arrêtons un instant pour laisser reposer deux de nos compagnons qui ne suivent plus qu'avec peine. 19 kilomètres nous séparent encore de *Bormio*.

Nous descendons dans une misérable auberge, *Albergo della Posta*. Dans une salle basse et sombre, pavée de grosses dalles fendues, quatre hommes chevelus comme Absalon et barbus comme des Faunes sont plongés dans une vive discussion politique. Tous quatre crient, jurent, gesticulent. Cela ne manque pas de pittoresque. Nous buvons d'un trait un verre d'affreuse bière aigre servie dans un pichet ébréché. En route. A cinq cents mètres de là, nous trouvons quoi ? Un hôtel splendide, tout neuf, dont je n'avais pu trouver, par conséquent, l'indication dans les guides, et dont les filles fort engageantes nous invitent à descendre.

Nous résistons à ces tentatives de séduction, non sans peine, et nous continuons à peser sur nos pédales pour achever cette interminable ascension de 28 kilomètres.

Mondadizza, qui passe, à tort ou à raison, pour avoir les plus belles femmes de la Valteline. Nous ne nous en apercevons pas. Bientôt commence le *Valle di Sotto*. Ici l'Adda s'encaisse si étroitement dans cette sombre coulée, que la route passe continuellement d'une rive à l'autre. La nuit approche. Il est cependant 6 heures à peine. Mais le soleil est depuis longtemps couché pour ces lieux peu favorisés. Est-ce la fatigue, l'aspect réellement sauvage de la route, l'absence de tout voyageur sur cette interminable route, il me semble être perdu, loin de tout pays, dans quelque désert ignoré. Nous hâtons la marche, silencieusement, et bientôt, je l'avoue, manquant à mes devoirs de guide et d'interprète juré, j'abandonne avec un complice, moins responsable il est vrai, nos deux autres compagnons qui, complètement épuisés, n'avancent plus qu'avec peine. A 6 h. 1/2, enfin, nous arrivons à *Bormio*. Les 9 derniers kilomètres à peu près plats ont été prestement enlevés, avec cet entrain bien connu de l'homme qui court au gîte. Nous descendons dans l'unique hôtel de Bormio, l'hôtel de la Poste.

Nos deux autres compagnons arrivent une bonne demi-heure après et se plaignent amèrement de cet abandon.

L'hôtel de la Poste est modeste, assez propre, du moins pour un hôtel d'Italie, où le mot propreté n'a qu'un sens relatif. Le patron, très complaisant, entend très bien le français. Après un dîner confortable, nous demandons des cigares. On nous apporte quatre bougies munies de pinces, puis de longs cigares empaillés ou plutôt traversés par une paille. Un long brin de jonc sert à ramoner cette cheminée artificielle. Mais pourquoi ces flambeaux ? L'hôtelier complaisant explique à nos seigneuries qu'il faut fumer lesdits cigares en collaboration avec la bougie qui en consume une bonne moitié. L'extrémité est donc maintenue dans la flamme grâce à la pince que porte le chandelier. Vous tirez une bouffée âcre et opaque et vous remettez le simili-cigare dans sa pince. A ma troisième bouffée, je souffle maladroitement la bougie et n'éprouve pas le besoin de la rallumer. Quel tabac !

*
* *

10 AOUT. — *Itinéraire de ce jour : Bormio (1.225), Bagni Nuovi ; IVe Cantoniera (2.485) ; Total 25 kil. à pied.*

Si vous voyagez en Italie, contrôlez vos notes et surveillez votre monnaie. Cette maxime est vraie partout, *même* en France, mais surtout en Italie.

C'est ainsi que nous faisons réduire de 5 francs notre note.

Prix : souper 2 fr. 50, chambre (service compris) 2 francs, déjeuner du matin 1 fr. 50.

A 7 h. 1/2 nous quittons l'hôtel. La montée commence très dure dans la ville ; à quelque distance elle s'atténue quelque peu et nous allons en machine jusqu'aux Bagni Nuovi. Arrivés là, nous mettons pied à terre et contemplons avec anxiété la route dont les éternels lacets surplombent.

Nous passons un premier pont, dit pont de Garibaldi, jeté sur l'abîme et qui fut détruit en 1866. Un peu plus loin nous nous arrêtons pour lire l'inscription rappelant la date (1820-1825) de la construction de cette route, la plus haute route carrossable de l'Europe.

Un peu après le tunnel, nouvel arrêt pour jeter un dernier coup d'œil sur l'Adda et la vallée de Bormio. Puis la route tourne et nous voilà dans un monde sauvage, aride, sans un arbre.

Seules quelques fleurs maladives se hasardent entre les pierres noircies et c'est tout.

Tout autour de nous un chaos d'éboulis, de crevasses et pas une goutte d'eau. Du moins de ce côté de la montagne, car à quelques centaines de pieds plus bas, le torrent écume avec fracas, de nombreuses cascades s'y déversent toutes séparées de nous par l'abîme. Supplice de Tantale ! Un de nous part en avant et signale bientôt à notre grande joie la première *cantonière* dite *di Piatta Mastina* (1.820^{m}). Nous y trouvons avec peine un peu de vin, du pain très sec que nous sert une malheureuse femme d'âge indéterminé, hâve, loqueteuse. Après cette courte halte.nous reprenons notre route enserrée entre d'énormes masses de rochers qui surplombent. Nous traversons d'interminables galeries, sombres couloirs étroits, aux murs énormes qui protègent la route contre les avalanches. Des ruisseaux, de vrais torrents, suivent souvent l intérieur de ces galeries, où l'on marche en aveugles, au milieu d'un sol boueux. Des équipes d'ouvriers travaillent sans cesse à l'entretien ruineux de cette route que l'hiver défonce chaque année et qui coûte gros à l'Italie. Et cependant, Dieu sait, si elle est mal entretenue cette route. Ornières sans fond, mal comblées par endroits de galets arrachés au torrent. Sol sans consistance, schisteux, vaseux où la marche est pénible.

Les lacets se déroulent sans fin. Fatigués, affamés, nous nous arrêtons au bord d'un petit torrent, partageant le pain qu'un de nous a eu la précaution de prendre tout à l'heure à la première cantoniera, et, le trempant dans l'eau, nous nous offrons un frugal déjeuner. Combien nous regrettons alors de n'avoir pas emporté de provisions. Il est 11 h. 1/2. Le soleil a depuis longtemps disparu sous d'épais nuages. Des brouillards humides entourent les sommets et les lacets de la route disparaissent dans cette buée opaque qui imprègne nos vêtements.

Tout à l'heure nous rôtissions, maintenant le manteau de drap n'est pas de trop. Pour comble de bonheur l'orage éclate. C'est d'abord une pluie fine, qui bientôt tombe à torrents. Pas un abri, audessus de nous. Aussi loin que le permet la brume, nous apercevons les éternels zigzags de la route. Il semble que nous n'avançons pas. Nous revêtons pèlerine et jambières de caoutchouc et résignés, silencieux, nous ascensionnons péniblement cette route affreusement défoncée, mal empierrée de galets grossiers jetés au hasard dans une boue épaisse. Enfin, après quelques kilomètres, c'est-à-dire une bonne heure de consciencieux arrosage, une galerie couverte nous permet d'attendre un instant, mais vainement, la fin de l'orage. La pluie fait rage, chassée par le vent, soulevant nos pèlerines, pénétrant dans nos jambières. Voilà le plus terrible jour de notre excursion.

Par le beau temps, cette montée de 25 kilom. eut été fatigante, par l'orage et la pluie c'est un véritable calvaire. Le pauvre ami Copernic monte le nez baissé, traînant la jambe à quelques centaines de mètres derrière le gros de la troupe.

Et la pluie tombait toujours. Ce n'est même plus de la pluie, c'est une véritable douche froide qui nous arrive horizontalement. Un cri de joie ! Une maison ! Encore deux lacets et nous y sommes.

C'est en effet un refuge, une masure de pierre qui porte le nom pompeux de *Casino dei Rottieri di Spondalunga* et où habite un pauvre ménage de cantonniers (2.105).

Absolument trempés, nous enlevons veste, gilet, voire pantalons, et, dans cette tenue sommaire, nous nous alignons devant un feu de sapin. De nos habits mouillés un épais brouillard s'élève. On s'y voit à peine dans l'étroite chambrette, qu'éclaire un pauvre hublot mal équarri, aux vitres couleur bouteille. Le brave homme essaie vainement de nous questionner dans un étrange patois.

Dans un Italien approximatif nous lui exprimons nos désirs. Nous mourons de faim. Il sort d'un vieux tiroir un bout de fromage, de sa poche un couteau et nous met sur la table un morceau gélatineux d'une substance innommable, d'odeur et de goût indéterminés et que nous dévorons. Quelques verres de vin épais, sentant le goudron, arrosent ce festin. Mais, heureusement, la maison possède du café. L'un tourne le moulin, l'autre surveille la marmite où l'eau chante, tandis que la femme du cantonnier, pauvre vieille abrutie par la misère et la solitude et qui semble inquiète et se demander si nous pourrons payer ce pantagruélique repas, jette en grognant quelques branches de pin dans le foyer. Et maintenant du sucre (dello zucchero). La vieille plisse ses deux lèvres, fronce les sourcils, étonnée de tant d'exigences. Le vieux, meilleur que sa femme, et qui, du reste, sait bien qu'il aura sa part du breuvage, cherche dans le même tiroir d'où est déjà sorti le fromage, sort un cornet renfermant du sucre en mie qu'il nous fait voir d'un air triomphant. On vide le cornet dans la marmite. La vieille, indignée, sort en battant la porte. Et maintenant, vieux, il y a bien ici un peu d'*acquavita*. Il sourit et nous montre une bouteille jaunie, au col allongé, une vieille connaissance, sans doute, dont il caresse amoureusement la panse. Vite, à table, le café fortement arrosé d'alcool est jugé excellent. On allume les pipes et Mersy offre généreusement au bonhomme un fond de cornet rempli de tabac, qu'il accepte avec reconnaissance, ainsi qu'une boite d'allumettes-bougies, qu'il range soigneusement dans le fameux tiroir, après avoir fait admirer à sa moitié, calmée par tant de générosité, l'auguste image del re Umberto qui orne ladite boite. Sa pipe finie, notre homme verse minutieusement dans sa main la cendre et quelques parcelles de tabac qui restent encore et... chique le tout.

Quelques *lire* sont le prix de ce repas sommaire. C'est peu. Le pauvre homme sait à peine compter et c'est nous qui faisons le total que nous allongeons généreusement de quelques *centesimi*. Le ménage est radieux, le ciel n'est pas de même. Il pleut toujours. Mais le café et l'alcool nous ont redonné des forces. Nous sommes déjà à 2.290 mètres. L'espoir nous revient, nous arriverons, et plus gais nous continuons notre éternelle route, dominée à gauche par la pointe du Braulio, à droite par la cime neigeuse de l'Umbrail.

3me Cantoniera : La troisième cantoniera, 2.538. Le but est proche. Voilà enfin des voitures, du monde. Depuis ce matin nous n'avons encore rencontré d'autres figures humaines que les ouvriers cantonniers et le pauvre ménage qui nous a donné l'hospitalité. Or, nous marchons depuis 7 h. 1/2 du matin et il est 2 heures. Au reste, ce n'est pas l'Ementhal, autrement dit le faux gruyère du cantonnier, ni sa tasse de café qui peuvent nous nourrir, et l'on devine avec quelle joie nous saluons la quatrième cantoniera, notre hôtellerie, dont les vastes bâtiments se dressent devant nous, à peine séparés encore par quelques lacets, que nous franchissons en courant sous la pluie qui redouble.

Quelques instants plus tard, nous étions à l'abri dans l'immense couloir où la douane fait pénétrer les voitures pour les soumettre à la visite. Tout à côté de la douane, se trouve l'Albergo de Santa-Maria (2485).

Un gigantesque douanier à longue moustache, la casquette sur l'oreille, sanglé dans un pantalon bleu clair, nous reçoit dédaigneusement et bondit d'indignation quand nous lui réclamons le remboursement de notre argent, soient *336* francs, plus quelques modestes centimes. Le *capo doganiere*, avec d'effroyables gestes, des jurons sonores et des éclats de voix qui roulent en tonnerre sous les voûtes de la *dogana* nous signifie que la douane est *troppo piccola*, que si nous voulons nous faire rembourser, il nous faut retourner à Campo-Cologno (je t'écoute, mon ami), que quant à lui il n'a pas le sou (ça ne me surprend pas). Et voilà !... Maintenant, rompez. Alors commence un chœur mélodieux en langues variées. Levirote, en français, sans se démonter, lui mugit nos réclamations. Un autre tonitrue en allemand, le capo fait sa partie en italien. Les employés tremblants se dérobent.

Enfin, le capo, qui constate que ses grands gestes et sa grosse voix ne nous épouvantent pas, et qu'au point de vue de la sonorité nos cordes vocales valent les siennes, change brusquement de ton, et poli, presque humble, nous dit avec candeur qu'il n'y peut rien, qu'il n'a pas un baioque en caisse, mais il nous offre oune passo, grâce auquel nous pourrons rentrer en Italie sans rien payer. Nous nous arrangerons ultérieurement, à notre sortie définitive, pour obtenir notre remboursement. Après quoi, le pauvre douanier, qui n'a pas eu depuis longtemps affaire à des diables aussi collants et aussi entêtés à se faire rendre justice, s'enfuit et s'écroule le nez dans sa soupière, nous adjurant de le laisser finir en paix sa polenta ; il nous enverra le papier à l'auberge.

Ahi ! povera Italia ! Quelle journée !

Notre appétit est devenu fringale, boulimie, et nous engloutissons avec volupté un copieux dîner. Un de nous seulement, ce pauvre Copernic, absolument mort de fatigue, préfère son lit à la table, mais, trop faible, se laisse descendre sur les reins les 20 marches de pierre qui mènent à nos chambres. Plus de bruit que de mal, heureusement !

Durant notre dîner, l'orage redouble. Le tonnerre, les éclairs, la pluie font rage au dehors. Un bon feu, un excellent café, une non moins excellente pipe, voilà qui nous fait oublier notre pénible étape.

A ce moment, entre dans la salle un long corps maigre, voûté, à face pâle décharnée, que couvre une longue barbe de Christ et qu'éclairent deux yeux brillants de fièvre. Il s'écroule sur un banc et commande un potage d'une voix éteinte. A peine est-il installé que d'autres touristes arrivent, tous plus *vannés* les uns que les autres.

Allons, je crois que nous ne faisons pas trop mauvaise figure au milieu de tous ces suppliciés que nous reconnaissons pour les avoir vus l'avant-veille à la Bernina. Ils nous considèrent avec étonnement.

La journée s'achève lentement, dans la contemplation des cimes embrumées, la cueillette de quelques edelweiss bien petites, de graminées laineuses que je ne connais pas. Enfin, le soleil est à peine couché que nous allons prendre un repos bien gagné après une semblable ascension.

∴

11 AOUT. — *Itinéraire de ce jour : IVe Cantoniera (2485), col du Stelvio (2184), 4 kilom. ; Franzenshohe (2183), 5 kilom. ; Trafoy (1548), 5 kilom. ; Prad (945), 9 kilom. ; Schlanders 18 kilom. ; Naturns 19 kilom. ; Méran 15 kilom. — Total : 75 kilom.*

Vers les 9 heures, par une brume épaisse qui nous cache la cime de l'Ortler et qui se condense lentement en une neige fine, nous quittons bien encapuchonnés la 4a Cantoniera di Santa-Maria. (Chambre : 2 fr. ; déjeuner du matin : 1 fr. 20 ; dîner (à la carte), 3 fr.)

4 kilomètres, à pente assez roide, nous séparent encore du col. Les bords de la route disparaissent sous une épaisse couche de neige, sur laquelle nous inscrivons en lettres de trois pieds nos noms avec un : *France* gigantesque. Mais la neige tombe serrée, chassée par un vent violent et glacial. Voici une heure déjà que nous marchons, le sommet n'est pas loin. En effet, une modeste auberge de planches se profile dans la brume. C'est encore un *Casino dei Rottieri*. Nous sommes au sommet du col : *2.814 mètres*.

Devant la barraque de planches qui porte ce nom pompeux, s'élève une remise de pierre où nous abritons nos machines. A quelques mètres plus loin, l'écusson d'Autriche ; en face les armes d'Italie. A quelque cent mètres à gauche, la croix fédérale. Nous touchons ici à trois pays à la fois.

Si le temps eut été meilleur nous aurions eu la curiosité de pousser jusqu'au point d'ailleurs peu éloigné, où l'on peut, devant une modeste borne aux trois faces écussonnées, mettre un pied en Autriche, un autre en Italie et la main en Suisse.

Mais le froid et la neige nous forcent à chercher un refuge dans la modeste auberge, dont les murs et le plafond disparaissent sous les innombrables cartes, collées, épinglées, aux parois.

Nous suivons cet exemple et nos cartes figurent là-haut avec la double mention : C. A. F. et T. C. F.

Nous voici donc au col de l'Ortler, Passo ou Gioggio dello Stelvio, disent les Italiens, par 2.814 d'altitude, soit exactement l'altitude du Pic du Midi ou du Canigou. Voilà démenties les peu encourageantes prophéties des bons amis qui traitaient de folie notre entreprise, et la partie la plus pénible, mais aussi la plus belle de notre voyage, achevée sans accidents. C'en est fait pour longtemps des ascensions, des glaces et du froid. Nous allons maintenant descendre par le Tyrol et la vallée de l'Adige vers l'Italie. Puissions-nous ne pas trop regretter la température légèrement sibérienne de l'Ortler, ses neiges et ses glaciers.

Nous attendons la fin de la tempête, tranquillement attablés. A chaque instant, de nouveaux touristes s'insinuent dans la barraque, à chaque fois la neige entre en rafale par la porte entr'ouverte. Successivement tous nos voyageurs de la 4[a] Cantoniera apparaissent, tous plus transis les uns que les autres. Pendant une grande heure nous attendons ainsi une accalmie.

Enfin le ciel s'éclaire, la neige cesse. Nous nous hâtons de fuir ces lieux peu favorisés. Nous saluons joyeusement la terre d'Autriche qui nous sera plus hospitalière que sa voisine et après un dernier coup d'œil sur l'immense panorama qui se déroule trop incomplètement, hélas ! sous les mers de brume qui recouvrent la plupart des sommets, nous commençons notre descente, si l'on peut appeler descente les 52 marches gigantesques qui sont taillées dans le flanc de l'Ortler.

Au reste la photographie ci-contre en donne quelque idée. Ces zigzags à angle suraigu, sans parapet, sans même une mince banquette, descendent avec une inclinaison moyenne de 12 à 15 0/0 le long des parois abruptes de la montagne. Qu'on manque un seul des 52 doubles tournants qui mènent à Trafoï, et machine et cavalier iront rejoindre, à quelques milliers de pieds plus bas, le torrent descendu de l'Ortler. Certes c'était folie que de se risquer en machine sur une pareille route. Mais l'habitude rend imprudent. Jusqu'à présent tout s'est bien passé. Des descentes souvent aussi rapides, mais il est vrai mieux protégées, ont été effectuées sans encombre, pourquoi n'en serait-il pas de même de celle-ci. D'ailleurs le temps presse, il nous faut arriver ce soir même à Méran. Nous descendons donc sans trop d'inquiétude, mais seulement attentifs à rester maitres de nos machines, et à exécuter correctement les 104 virages de notre route.

Chaque lacet n'a guère plus de 150 mètres de long. On descend vivement les 100 premiers mètres et les 50 autres servent à arrêter la machine qui arrive sans vitesse au virage. J'ai manqué un des virages, mais j'ai pu sauter plus ou moins élégamment de machine, par l'arrière, et la pauvre s'en est allée, fort intelligemment d'ailleurs, se buter le nez

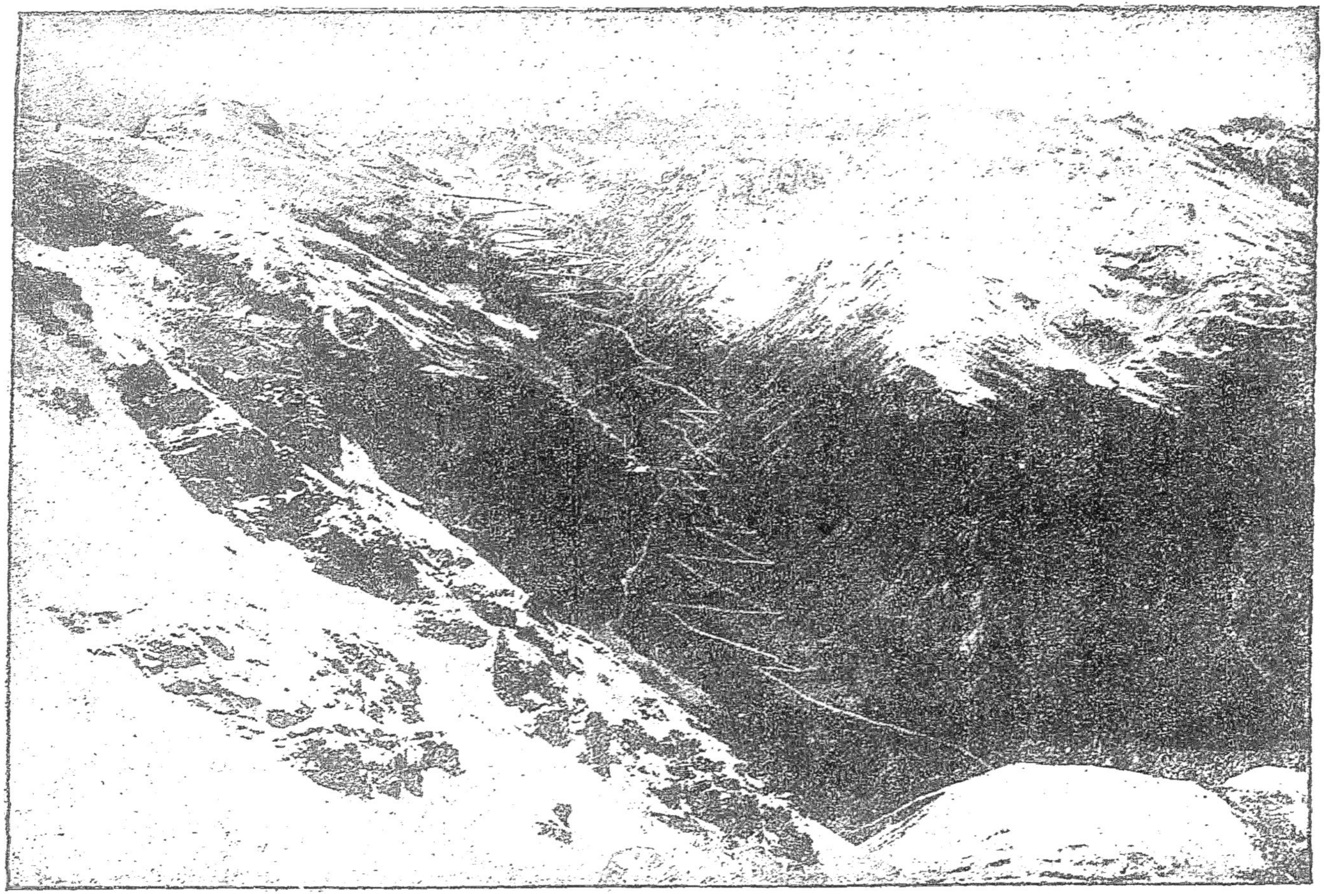

Col de l'Ortler vu du versant autrichien.

dans un tas de neige, qui s'est trouvé là fort à propos. Inutile de dire que j'avançais dès lors avec *la prudence du serpent*.

Franzenshohe (2.182). — Douane autrichienne et station de poste. Une vaste bâtisse de bois crépi à la chaux sert à la fois de bureau à la douane, de poste et d'hôtellerie. Je vais à la douane. Nos machines reçoivent un nouveau plomb, le troisième, celui-ci aux armes d'Autriche, et ce, moyennant la somme de 25 florins *or* par machine, soit 100 florins ou 250 francs pour les 4. J'aligne mes 12 louis 1/2 sur le bureau graisseux de l'employé. Celui-ci sort une balance rouillée, un vieux petit sac de toile grossière, pèse mon or, et, satisfait, le fait disparaitre au plus profond de son sac. J'ai soin de faire inscrire en marge du reçu : *In gold erhalten* (reçu en or). Grâce à cette précaution, je pourrai exiger d'être remboursé de la même façon à notre sortie de l'Autriche.

A l'heure actuelle, nos machines portent trois plombs, trois médailles qui pendeloquent et tintinnabulent au cou de nos montures — je veux dire à la douille de nos bicyclettes. — Nous veillons avec un soin pieux sur ces médailles, dont dépend notre remboursement.

Maintenant à table. — Nous nous précipitons dans la salle à manger de l'hôtellerie, où un bon feu de sapin ronfle dans un vaste poêle de faïence. Une quarantaine de voyageurs sont attablés, le visage rougi par le froid, pelé par les coups de soleil. Ce sont des touristes qui descendent des glaciers de Mondatsch et de Trafoy et qui s'en vont en Italie.

Les voitures sont devant la porte les attendant, car la poste accorde généreusement une grande heure d'arrêt pour le repas. Et tout ce monde en profite. C'est un bruit de mandibules, d'assiettes et de gobelets qui fait penser à un repas d'ogres affamés.

1 h. 1/2 — il faut partir — nous ne sommes qu'au commencement de l'étape, 72 kilom. nous séparent encore de Méran. Au moment où nous montons en selle, le repas est terminé et les touristes de Franzenshohe s'avancent sur la terrasse qui fait face à la route de l'autre côté de l'abime et nous suivent des yeux dans cette dangereuse descente avec l'espoir secret d'un fait divers palpitant. Leur espoir est déçu.

Weisser Knot (1923). — Un moment d'arrêt sur cette saillie rocheuse. C'est d'ici que l'on admire le mieux les glaciers de l'Ortler, de Mondatsch, du Geister et une foule d'autres encore dont les noms me sont inconnus. Une petite pyramide rappelle la date 1804, où pour la première fois un intrépide alpiniste, Joseph Pickler, atteignit le sommet de l'Ortler. Une petite auberge où l'on trouve vin et bière est à côté du modeste monument. Quelques bancs, un petit pavillon invitent le touriste, qui peut ainsi, en buvant quelques verres d'excellent Tyroler, jouir de la vue des glaciers.

A partir de ce point, les lacets augmentent de longueur, et la pente devient très douce. Nous entrons en forêt. Le site est, par endroits, d'un pittoresque extrême. Je n'ai rien vu de plus beau. Certes, je savais par avance que l'Ortler était la merveille des merveilles. J'en avais lu d'enthousiastes descriptions. L'effet produit a été plus grand encore que je ne m'y attendais. Autant le versant italien est laid, aride, désolé, autant le versant tyrolien est beau.

Sont-ce ces glaciers immenses glissant sur des pentes de 3.000 mètres jusque dans les forêts de pins qui couvrent à mi-hauteur la montagne ; est-ce la variété infinie des couleurs, le contraste entre l'aspect riant du fond de la vallée, de ses pâturages, de ses chaumières et la grandeur sauvage des cimes glacées. Je ne sais. Mais on éprouve devant ce tableau cette sensation particulière que produit toute impression vraiment nouvelle.

Trafoï, 1571. — La route, ici, devient pendant quelque temps assez mauvaise. Des guides nous arrêtent, nous proposant de nous faire escalader les cimes de l'Ortler, du Cevedale, que sais-je? Nous remercions ces braves gens qui semblent tout surpris que des gaillards qui se risquent sur de semblables pentes, avec de pareils véhicules, hésitent à escalader lesdits sommets. — Pour sauver l'honneur, je leur explique que nous sommes attendus à Méran ce soir même. La surprise leur ferme la bouche, et nous partons fièrement après un : *Grüss di Gott* convaincu. Un dernier coup d'œil sur l'Ortler et c'en est fait. Nous descendons la gorge de Trafoi, le long du Trafoibach, que l'on passe et repasse sur de frêles ponts de bois. La route descend toujours et nous marchons grand train. Soudain, dans la partie la plus étroite du défilé, large peut-être de 100 pas, une porte étroite s'ouvre dans un mur épais qui barre la route. Dans ce mur, des embrasures et, à la porte, deux sentinelles sabre au poing. Où diable sommes-nous? L'ami Levirote prend le poste pour un nouveau bureau de douane et met pied à terre. Or, c'est tout simplement un fort, c'est celui de Gomagoï qui défend le défilé contre ces bons alliés, ces chers Italiens. Les voyages sont instructifs.

Certes, je me doutais quelque peu qu'Italiens et Autrichiens n'étaient pas les meilleurs amis du monde. Mais on nous a, à nous autres Français, si haut ressassé ces mots apocalyptiques : Triple Alliance, que nous nous imaginons volontiers que si les deux peuples ne sympatisent guère, du moins la similitude des politiques royale et impériale doit avoir changé les frontières en quelque zone neutre, presque sans défense, où quelques gendarmes bons enfants montent la garde plutôt contre les maraudeurs et les contrebandiers que contre l'armée voisine. Or, il n'en est rien, et notre surprise fut grande de trouver là un fort établi suivant toutes les règles de l'art et soigneusement protégé contre toute surprise. J'avoue avoir éprouvé une certaine satisfaction à constater la confiance très modérée qui règne entre ces bons alliés.

Stilfs. — La route, très sinueuse, suit dans un étroit défilé le Trafoibach toujours bondissant, grossi des eaux descendues du glacier de Sulden qui se découvre un instant à notre droite pour disparaître presque aussitôt. Puis le défilé débouche dans une large vallée, qui s'étend au loin devant nous : c'est la vallée de l'Adige.

Nous traversons Prad (945), puis la vallée et le fleuve aux allures torrentielles, et nous voici sur la rive gauche de l'Adige, sur la route qui mène d'Inspruck à Méran.

Médiocre et cahoteuse par le beau temps, elle doit être à peu près impraticable par la pluie, tant est épaisse la poussière qui la couvre. Les chevaux très peureux font des écarts fantastiques à notre approche. Cris et fureur des cochers, dont deux, plus grossiers, nous adressent des injures variées dans un langage aussi guttural qu'ignoré. Notre calme ne se dément pas pour si peu. Si les cochers, par tradition professionnelle, se montrent grossiers, en retour les gens sont d'une aménité extraordinaire. Non seulement ils se garent, mais nous saluent au passage d'un : *glückliche Reise*, bon voyage, que nous leur retournons gaîment.

Tout le long de la route qui court à flancs de coteau au-dessus des prairies, s'élèvent des chapelles, des calvaires aux Christs de bois sculpté, peints de couleurs vives. C'est que le Tyrolien est catholique fervent. Il n'est pas rare de rencontrer au pied de ces Calvaires, un homme ou une femme agenouillés. Tous, en passant, se signent dévotement.

Nous traversons sans arrêt Eyrs, Laas. Dans ce gai village, aux maisons peintes et bariolées d'images bizarres, la route monte rapide, et bientôt nous dominons le fond de la vallée de 2 à 300 mètres. Puis la descente reprend et nous entraîne à belle allure dans le frais et coquet hameau de Schlaunders.

Une modeste hôtellerie d'attrayante mine, un soleil étincelant au-dessus de sa porte, nous arrête. C'est que la pluie menace. De nombreuses gouttes tombent déjà. Laissons passer l'orage.

Bitt'schön, Fraülein, vier glass Bier. — La kellnerin aux bras nus disparaît et dépose bientôt devant nous quatre bocks écumants de bière exquise. Un bon curé en redingote, le tricorne sur l'oreille, la canne à la main, sirote tranquillement sa demi-bouteille en mangeant des cerises.

Il nous salue aimablement et entame la conversation.

Grande est sa surprise quand je lui apprends notre longue route, ces étapes interminables. Il est tout fier de notre admiration pour son pays. Et, d'une voix un peu cassée, car le bonhomme est vieux : La France aussi est bien belle, dit-on. Nous ne l'appelons, nous, que la belle France. C'était longtemps mon rêve d'aller voir votre pays, mais c'est si loin et puis je suis si vieux. — Allons, Herr Pfarrer, un peu de courage. Vos paroissiens sont assez bons catholiques pour se passer de vous quelques jours. Venez voir la *Babylone*. Vous trouverez peut-être que les Français ne sont pas si mauvais diables que le prétendent vos journaux.

Nos verres vidés et sur le point de partir, la jeune

Tyrolienne qui nous a servis arrive avec un panier de pêches et de cerises (je dis de cerises, et nous sommes au mois d'août). L'offre est acceptée avec enthousiasme, et les fruits jugés excellents.

Au moment de payer ce délicieux supplément, l'hôtesse refuse nos kreutzers, c'est une offre gracieuse faite aux voyageurs. Grands remerciements à cette suprenante hôtelière qui, certainement, n'est pas suisse, moins encore italienne. Je sais que pareil fait est fréquent en Tyrol. Nombre de personnes ayant voyagé là en ont rapporté la même impression. Aussi je me plais, après beaucoup d'autres, à célébrer l'hospitalité franche et généreuse de ces braves gens, qui ne ressemble guère à l'hospitalité rapace qu'on trouve en Suisse.

Certes, il ferait bon passer la nuit sous ce toit hospitalier. Mais il est trop tôt encore pour s'arrêter. En route? Derniers adieux à la brave femme, quelques kreutzers à la jeune servante, et nous disparaissons sur la pente assez roide qui descend le village.

Mais, hélas ! la route n'est plus qu'un fleuve de boue gluante, aussi une grande partie du chemin doit-elle être faite à pied, dans l'absolue impossibilité où nous sommes de nous tenir sur nos montures. Dieu sait cependant si nous étions devenus équilibristes depuis quinze jours que nous courrions par tant de chemins tous plus mauvais les uns que les autres.

Après avoir successivement passé et repassé l'Adige et franchi un torrent rapide venu de l'Ortler, la Plissa, nous retrouvons enfin, vers Staben, une route moins impraticable, et nous remontons en machine.

Naturns. — Ici, la pluie qui menace, chassée par les vents d'Est, n'est pas encore tombée, la route est bonne, la nuit approche. Il faut presser la marche pour regagner le temps perdu. Et nous voilà pédalant, pédalant énergiquement, encouragés par les cris, les gestes des braves gens qui croisent notre petite troupe. Nous brûlons les villages, et les bons Tyroliens ahuris des coups de trompe, qui font ranger bêtes et gens, se précipitent hors de leurs maisonnettes pour regarder avec surprise ces quatre paires de roues qui s'en vont dans la poussière. Enfin des lumières apparaissent, piquetant de points brillants le fond sombre du cirque où repose Méran, coquettement enrubannée de vertes forêts. Sur les sommets du cirque, la neige des glaciers est encore éclairée d'un dernier rayon du soleil depuis longtemps couché pour nous. Une agréable descente sur une route splendide nous amène à l'entrée de la ville. Après avoir une quatrième et dernière fois traversé l'Adige, nous suivons une immense avenue, bordée de saules géants, au sol sablonneux véritable piste où nous croisons une dizaine de vélocipédistes faisant leur promenade du soir. Ils nous jettent en passant ce salut des cyclistes : *All' Heil* en faisant sonner leur timbre. Un « bonsoir messieurs » accompagné d'un coup de corne leur révèle notre qualité de Français.

Une porte monumentale, assez vieille d'aspect, garde l'entrée de la ville. Nous nous engageons sous cette ruine imposante. Devant nous s'allonge une vaste rue tortueuse, dallée de pierres moussues. Les maisons noircies aux fenêtres étroites et grillées qui la bordent, les annonces enluminées qui grincent sur leur support à l'auvent des boutiques, des soldats au costume bizarre, des ouvriers en gilet court aux bretelles multicolores, un feutre jadis vert sur la tête, de longues bottes aux pieds, tout cela donne à Méran un singulier aspect. Surtout à cette heure où l'obscurité commence.

Nous faisons halte devant une hôtellerie de belle apparence : Zum Graf Méran.

De nombreux buveurs attablés devant de vastes cruches de bière semblent nous assurer qu'ici l'on fait bonne chère.

Je m'insinue entre les buveurs et me met à la recherche d'un introuvable patron. Une camérière d'âge moins que mûr m'apprend avec regret que l'hôtel est plein, mais elle va nous faire conduire à une annexe où nous trouverons bonne table et bon gîte, à la pension Andréas Hofer (prix : chambre 2 fr. 50, bougie 0 fr. 25, repas à la carte).

En effet, nous sommes somptueusement installés. La chambre est immense, fort bien aménagée. On voit que Méran est une station fréquentée.

Nous soupons dans le jardin brillamment éclairé et nous faisons honneur à la bière du lieu. Quant à nos machines, elles reposent, allignées dans une gigantesque salle de concert, au long d'un interminable piano à queue.

∴

VENDREDI 12 AOUT. — *Itinéraire de ce jour : Méran, Botzen.* — 28 kilomètres.

De bonne heure éveillés par un rayon de chaud soleil, nous errons par la ville. Nous montons d'abord la Laubengasse, étroite rue bordée d'arcades plus étroites, que diminuent encore des étalages énormes, d'une stabilité problématique : chapeaux tyroliens aux teintes indécises ornés d'Edelweiss, de blaireaux, de plumes d'aigle, d'aigrettes, etc., cannes, piolets, chaussures géantes pour pieds de montagnards, sacs de touristes, etc., etc. Entre ces échafaudages branlants d'articles de toutes sortes nous avançons avec peine.

Les marchands de cigares et les photographes

alternent avec de vastes boutiques de charcuterie où saucisses de tous formats, les unes reliées d'or ou d'argent, les autres nues s'étalent ventrues et gonflées sur le marbre gras. Sur la place de l'église, un libraire. Achats de vues et de souvenirs.

Par des rues étroites, tortueuses, où les coucous de la Forêt-Noire s'étalent à l'infini, nous arrivons aux boulevards qui bordent La Passer. Tout le long de ces boulevards s'élèvent de somptueux hôtels, d'innombrables kurhaus, villas, pensions.

Tout cela disparaît dans un fouillis de plantes tropicales en splendide floraison.

Cure d'air en hiver, cure de raisin à l'automne, voilà les spécialités et les petits profits de Méran. Quand vient septembre, des troupes de malades, tuberculeux de tous degrés, rhumatisants, accourent heureux de trouver dans un climat plus doux un séjour paisible et charmant. Cette cour des miracles se tient près des promenades où vont et viennent les chaises à porteurs, fauteuils roulants, etc. A l'heure actuelle, la promenade est solitaire. Quelques jolies méraniennes en robe claire, une longue natte dans le dos, vaste chapeau de paille sur l'oreille, s'y promènent.

Un changeur. — Nos opérations financières vont commencer. Le florin papier perdant 10 à 12 0/0 au cours des changeurs, c'est 2,50 de gagnés par Napoléon, échangé contre les crasseux gulden de papier autrichien. Toujours flânants, nous nous retrouvons enfin devant notre hôtel.

Une particularité curieuse à signaler à Méran. Au reste, la chose se rencontre fréquemment dans le Tyrol. La ville tout entière est parcourue en tous sens par des torrents canalisés qui courent à quelques pieds sous le sol des rues. Des ouvertures fermées par d'immenses trappes y donnent accès, et l'on voit les gens puiser cette eau qui leur sert à tous les usages domestiques, étant toujours propre, grâce au courant impétueux qui l'entraîne.

En attendant notre repas, nous procédons au nettoyage de nos machines, le patron complaisant nous apporte huile et chiffons. Relevant nos manches, protégés par des tabliers généreusement prêtés par une bonne blonde qui trône au jardin, nous débarrassons nos montures de l'épaisse couche de boue récoltée hier sur la route de Méran.

Maintenant, à table. On a retiré pour nous du vivier de belles truites savoureuses et de menue friture. Vers les 4 heures enfin, après de longues hésitations, car la bière et la chaleur nous rendent paresseux, nous nous décidons à partir. Nous franchissons la Passer et nous nous engageons dans les faubourgs de la ville. Tout à coup une musique bizarre retentit. Un cortège, bannière en tête, barre la route. Nous descendons. C'est un enterrement de pompier. Grave sous son chapeau de cuivre que surmonte un gigantesque plumet, le plus grand de la troupe porte la bannière de la corporation. Derrière lui, des hommes en costume tyrolien, un chapelet d'une main, un cierge de l'autre, suivent très dignes.Puis viennent la musique et le cercueil porté par quatre vigoureux gaillards. Un interminable cortège de femmes pittoresquement vêtues accompagne le mort, toutes très recueillies, égrenant leur chapelet.Voilà un bon quart d'heure de retard. Nous ne le regrettons pas.

La route descend maintenant en pente douce vers Botzen, longeant l'Adige. Quelques courtes montées. Paysage assez monotone, tout de vignes et de vergers, parfois interrompu par des marécages.

Sur la route, quelques villages, assez rares d'ailleurs : Gargazon, Vilpian, enfin Terlan. Nous nous arrêtons dans ce charmant village et, dans un frais jardin, sur un gazon où poules et canards, d'une familiarité indiscrète, viennent picorer dans nos jambes, nous nous rafraichissons les uns d'un bol de lait exquis et les autres de quelques verres du fameux terlaner. Quatre vélocipédistes allemands occupent un banc non loin de nous. Ils montent d'énormes machines pesantes et grossières. Quant aux paquets et valises, ils pendent de tous côtés. L'un d'eux même porte un énorme sac suspendu sur son dos. A nous quatre, nous n'avons certes pas la quantité de bagages qu'un seul d'entre eux porte. Le mien tiendrait dans mes poches. Je n'aime pas avoir en route l'air d'un déménageur. Les paires de bas et les mouchoirs se rencontrent dans la plus modeste bourgade. Pourquoi s'en embarrasser ?

Dans un cirque de roc rose, émergeant de masses de verdure, un petit hameau, Morontzing, apparait. Puis la route remonte, bordée à l'infini de vignes fort belles. Cependant, les larges feuilles bleuies par le sulfate de cuivre annoncent qu'ici aussi l'oïdium fait ses ravages.

Dans le lointain, des crêtes aussi aiguës que des flèches de cathédrale, des tourelles géantes, des masses bosselées, bizarrement découpées, aux tons d'un rose chair, se détachent sur l'horizon. Les dolomies ? m'écriai-je. Un éclat de rire fut la réponse de mes compagnons. « Ça, des montagnes, jamais, ce sont des nuages. Où avez-vous vu des montagnes ainsi découpées et de cette couleur ? » Devant cette unanimité, ma conviction s'ébranle. Mais non, j'ai bien raison. Ce sont les dolomies. Chaque tour de roue qui nous en rapproche nous les fait paraitre plus distinctes, et bientôt mes compagnons surpris doivent avouer que ce sont là des montagnes, singulières montagnes, il est vrai, qu'on dirait découpées au couteau dans une pâte rose tendre. Sur le ciel d'un bleu intense, ce rose se détache, exagérant les reliefs. J'avais promis à mes compagnons que la vue des dolomies serait pour eux une surprise. J'avais dit vrai.

Toujours montant dans les vignes, nous arrivons au-dessus de Botzen. Après avoir traversé Gries, station rivale de Méran, nous franchissons un affreux torrent, le Talfer, qui, à en juger par la largeur de son lit, en ce moment presque à sec, doit être pour Botzen un redoutable voisin.

Botzen. — Voilà, par exemple, une étrange ville. Je trouvais à Méran, du moins aux vieux quartiers, un aspect moyen-âge. Mais Botzen réalise bien mieux encore l'idée que l'on peut se faire d'une cité de cette époque.

Ruelles étroites, mal dallées, un vague ruisseau au milieu du chemin, bordées d'échoppes sombres aux fenêtres minuscules et grillées de fer. Devant les portes, tendues à hauteur d'homme, des enseignes de fer blanc, manuscrites souvent, ou naïvement enluminées, grincent au vent avec un bruit de ferraille mal huilée.

Nous arrivons sur la place. C'est, paraît-il, jour de marché. En tout cas, force nous est de mettre pied à terre et de nous insinuer de notre mieux entre des pyramides de pommes, de pêches, au milieu des citrouilles et autres légumes entassés dans un pittoresque pêle-mêle. Puis ce sont des ruisseaux de tomates et de pêches écrasées qu'il nous faut franchir. Tout cela exhale une odeur de relent très violente et médiocrement agréable. Par surcroît, une troupe de badauds nous suit, rendant nos évolutions plus pénibles encore. Enfin, par une ruelle étroite mais bien dallée, nous fuyons en machine et arrivons devant une hôtellerie de modeste apparence : hôtel Mondschein. Nous y dînons fort bien sur une jolie terrasse d'où les cimes dolomitiques du Schlern, du Rosengarten, etc., se découvrent à merveille. (Bonne chambre, service convenable 2 francs, dîner à la carte).

SAMEDI 13 AOUT. — *Itinéraire de ce jour : Botzen, Auer, Neumarkt, Salurn, 45 kil., Salurn, Lavis, Trente, 30 kil. Total : 75 kil.*

A cinq heures, réveil général. Notre premier projet était de monter au Pénégal, haute cime des environs, d'où l'on jouit, parait-il, d'une vue superbe sur les Alpes dolomitiques. Malheureusemeut, le temps est brumeux. Nous renonçons donc à cette excursion très recommandée, nous reviendrons voir les dolomies... une autre année.

Mais, avant de partir, je veux me délester. C'en est fait pour longtemps des montagnes. Pèierines et jambières sont désormais sans utilité. Tout cela est roulé en un paquet que je porte à la poste. Il est d'usage, en France, de *blaguer* cette administration que l'Europe nous envie, entre autres choses. L'Autriche, sur ce point, est plus qu'à notre hauteur, elle nous dépasse. Voici, sans exagération, les petites formalités qu'il me fallût remplir pour expédier à Dijon un coli postal de 2 kil. 800. Tout d'abord, rédiger une feuille d'expédition, coût : 5 kreutzers, sans compter trois feuilles de douane à un demi-kreutzer pièce ; plus un nouveau bulletin d'expédition de couleur rouge à 5 kreutzers. Au second bureau, on m'échange ce dernier bulletin contre un autre, mais de couleur verte, que je dois encore remplir, bien entendu. C'est le troisième. Si l'on ajoute les trois feuilles de douane et la feuille d'expédition, cela fait sept papiers. Enfin, on me rend ce paquet de paperasses multicolores soigneusement épinglées, collées, classées, et je passe à un troisième bureau où l'on me débarrasse du tout et de la somme de 88 kreutzers. Ouf ! A 9 h. 1/2, nous quittons la place de la poste et roulons sur Trente.

J'avoue avoir rarement, dans mes nombreux voyages, rencontré pareille route. Il n'y a guère que l'Italie qui puisse, en bonne alliée, rivaliser avec l'Autriche pour le mauvais entretien des voies publiques.

Les premiers kilomètres sont passables, il y a bien de la poussière, mais nous ne sommes pas difficiles ; des tourbillons de moustiques, mais notre peau bronzée et durcie est impénétrable aux pièces buccales de ces riverains de l'Adige ; des galets gros comme le poing, mon pneu les dédaigne. Mais, peu à peu, les difficultés s'accumulent, les ornières deviennent de véritables fondrières où les roues enfoncent au niveau du moyeu.

Ajoutez à cela une poussière épaisse de 20 à 30 centimètres que le vent nous souffle au visage. Enfin, la montagne s'en mêle. Mal assujettis, des blocs de dolomie, des dalles de calcaire mal cimentées sont descendus des sommets. La route est coupée en plus de vingt endroits sur une longueur totale de plus de quinze kilomètres. Des équipes d'ouvriers sont occupées à rétablir la route interrompue, broyée sous cette avalanche. Après la montagne, c'est le soleil, ce matin terni, brumeux, qui se nettoie et reluit. Damné soleil ! ce qu'il fait soif ! Pour toute boisson, l'Adige. C'est insuffisant.

Du paysage, mieux vaut ne pas parler. Les arbres ont des feuilles de zinc, étamées de poussière. De ci, de là, quelques pâturages clairsemés : je plains les ruminants qui vont chercher leur vie là-dedans. C'est à les dégoûter du métier.

Quant aux braves cyclistes qui pédalent sur cette affreuse route, plaignez-les, car ils suent.

Oh ! combien ! Et pas de fontaines, ni de ruisseaux, rien, pas même une pauvre *Bierbräuerei* pour étancher leur soif.

Enfin, voici un village : Brandzoll. Une fontaine ! J'ai quelques minutes d'avance. Je m'arrête et bois de compagnie avec un ruminant aux yeux ronds, qui relève le nez avec inquiétude, comme si je voulais emporter la fontaine. Mon air honnête le calme, ses larges babines replongent bruyamment.

Auer. — Vannage général. La chaleur est atroce. D'ignobles chiens nous poursuivent. Un de nos compagnons, le dernier arrivant, surexcité par la fatigue et la poursuite de ces quadrupèdes, cherche avec rage dans sa poche un revolver, qui heureusement est dans son sac, pour le décharger sur ces carnivores collants, au risque de nous amener une querelle, peut-être même une reconduite vigoureuse. Nous nous précipitons pour le calmer. Un excellent dîner servi par une délicieuse blonde au teint de rose le remet et nous aussi.

Notre intention première était de passer par *Cavalese* et le *val Avisio* pour aller à *Mœna* et de là pousser jusqu'à la *Marmolata*, une des plus belles cimes dolomitiques.

Mais un forestier et un brave notaire qui dînent à côté de nous nous découragent. Nous ne demandons qu'à nous laisser convaincre, car la chaleur est atroce. Nous renonçons donc à ce détour qui nous avait été cependant très recommandé et nous nous décidons à laisser passer ici, dans cette hospitalière auberge, les heures les plus chaudes de la journée. Elles passent vite en aimable compagnie. Je décroche une vieille guitare pendue au mur et j'essaie d'en tirer quelques mélancoliques et très approximatifs accords. Enfin buvant, chantant, le temps s'écoule. Nous demandons le registre du bord, lisez le livre des voyageurs, et j'inscris là, à côté de nos quatre noms, un compliment en français à l'adresse de la belle blonde. Ces quelques lignes l'intriguent visiblement. Elle insiste, la mère aussi, pour connaître le sens de ce mystérieux commentaire. Je le traduis à la fillette, qui juge convenable de rougir ; quant à la maman, elle n'en saura rien.

Il est trois heures. En route ? La chaleur est toujours aussi forte, car, pour comble de bonheur, le vent du Sud souffle avec violence. Il ne nous manquait plus que cela. Heureusement la route devient meilleure. Le pays est plus fertile. De nombreux clos, de belles vignes rendent le paysage moins lugubre. Nous traversons une série de villages aux ruelles étroites, malpropes. On sent que l'Italie est proche. A coup sûr le Trentin est terre italienne.

A *Salurns*, nous entendons le dernier mot d'allemand. Arrivés à *San Micaele*, nous stoppons devant un café fort peu engageant d'aspect, il est vrai, mais la chaleur et la fatigue nous accablent, et nous saluons joyeusement l'écriteau pendu devant l'entrée qui porte ces mots : *vino e birra.*

On trouve encore dans l'établissement, de la viande et de l'épicerie — voire de la chandelle. Nous traversons la boutique, l'arrière-boutique et arrivons dans un taudis sale où une jeune femme jolie, mais malpropre, les cheveux en désordre allaite un bébé roulé dans un foulard rouge.

Ein Glas Milch, drei Glas Bier. La femme, l'homme ouvrent les yeux, dressent les oreilles Ici on ignore l'allemand. Notez qu'à sept kilomètres de là, à Salurns, je m'étais renseigné en allemand près de deux ou trois personnes. Les noms des rues étaient en allemand. Ici on ignore les mots usuels du lait, de la bière Nous traduisons en italien et le bonhomme revient avec un pot de bière aigre et chaude et une jatte de lait. La race est italienne. Elle en a le teint, les traits et, je regrette d'avoir à le dire, la malpropreté.

Lavis. — Nous franchissons ici l'Avisio, vaste torrent descendu de la Marmolata, par le val Cembra. Puis la descente commence assez belle sur Trente. Le soir approche, la faim talonne. Il faut marcher. Nous traversons à toute vitesse quelques villages, plus propres, plus gais. Dans le lointain, des clochers brillent, c'est Trente. Le paysage devient de plus en plus joli. La route, en une longue avenue, court fortement relevée en remblais au milieu de marécages, couverts de saules et d'osiers.

Enfin les faubourgs sont dépassés et nous nous trouvons devant le château de *Buon Consiglio*, jadis résidence des princes évêques et maintenant caserne fortifiée.

Remontant en machine, nous traversons la ville. Les boutiquiers assis sur le pas de leur porte nous considèrent curieusement. Le fait est que nous avons une singulière mine sous l'épaisse couche de poussière qui couvre nos vêtements et nos machines.

A un coin de rue, nous nous arrêtons pour tenir conseil. Un sbire se précipite sur nous et nous intime en italien d'abord, puis en allemand, l'ordre de descendre. Sans broncher, je lui réponds dans mon meilleur français : Pardon, pourriez-vous m'indiquer l'Hôtel de l'Europe. A ces mots, il comprend qu'il a devant lui de pauvres étrangers, ignorants des lois et coutumes et, très aimable, il avise un gamin, qui, dit-il, nous conduira. Mais a-t-il soin d'ajouter, en allemand : « *Das Radfahren ist in der Stadt streng verboten.* » — Merci bien, mon garçon, mais tranquillise-toi ; nous ne songeons pas du tout à *radfahrer*, comme tu dis. C'est assez pour un jour. Et nous hâtons le pas vers l'hôtel, escortés d'une bande de moutards déguenillés et piaillards.

Trente. — Tout couverts de poussière, nous nous introduisons dans ce caravansérail où le maître d'hôtel et les garçons, le frac bien tiré, la chemise blanche et bien plissée sous un gilet large ouvert, nous accueillent froidement. Enfin, on nous trouve, proches des combles, deux chambres fort convenables d'ailleurs, où nous faisons une sommaire toilette. Puis, à table.

Comme nous n'avons par l'habitude de mal dîner, loin de là, nous rédigeons un menu sérieux. La tête du maître d'hôtel se transforme à vue d'œil. Il sait peut-être, par expérience, qu'il ne faut pas trop juger sur l'habit. Il devient aimable, empressé.

Le jardin où nous dînons est éclairé d'une façon intermittente par des lampes à arc qui sifflent avec fracas et s'obstinent à des extinctions vraiment par trop fréquentes. Le monde *chic* du lieu vient souper en galante compagnie.

Les femmes de Trente sont, ma foi, fort jolies ; et, de plus, les jeunes demoiselles ne gardent pas précisément leurs yeux dans leurs poches. Je ne m'étonne plus que le concile de Trente ait duré 18 ans. Ce que l'histoire se simplifie, quand on voyage !

Pendant le souper, un gamin nous apporte un programme. Ce soir, grand et dernier concert de la célèbre *Banda citadina* sur la place de la Poste. Nous voilà donc errant par les groupes. Signoras et demoiselles, en cheveux et en mantille, les dents et le nez au vent, vont et viennent, jouant de la prunelle et de l'éventail.

Nous nous réfugions dans une vaste brasserie de la place et, derrière un bock, nous écoutons la musique. Au programme : *Les Walkyries*, *La Cavalleria Rusticana*, *Le Beau Danube* — Wagner, Mascagni, Strauss — la musique de la Triple-Alliance ! Tous mes compliments à la Banda Citadina. La musique est bonne, les instrumentistes du moins ; quant aux instruments, ils sont fort mal accouplés. Les basses sont trop basses et les dessus trop hauts. Les forte roulent en tonnerre, les piano ne dépassent pas le chef de musique.

⁂

14 AOUT. — *Itinéraire de ce jour : Trente, Cadine, Vezzano, Toblino, Arco, Riva, 45 kilomètres.* — **De Riva à Desenzano par bateau à vapeur sur le lac de Garde.**

Avant de partir, nous courons visiter la ville. Elle est fort belle et surtout pas banale. Ce n'est pas la ville moderne où les ingénieurs ont passé, tirée au cordeau, alignée comme un bataillon prussien où pas une maison ne fait saillir son ventre au-delà d'une limite impitoyablement mesurée. A côté d'échoppes sombres faisant hernie sur la calla boueuse, d'immenses palais, aujourd'hui bureaux ou magasins. D'innombrables églises, 18, dont deux fort curieuses : celle du Concile, toute de marbre rouge, et surtout la cathédrale, Il Duomo, valent une visite. A noter surtout, dans cette dernière, le portail gardé par un lion de marbre et soutenu par quatre colonnettes enlacées par un serpent. A mi-hauteur des voûtes, court intérieurement et extérieurement une vaste galerie merveilleusement sculptée. De chaque côté de la triple-nef, des tombeaux.

Une foule empressée remplit l'église : c'est dimanche. Ce ne sont que vêtements aux tons criards, fichus multicolores, jupes bariolées, toute une débauche de couleurs miroitant dans les rayons colorés tombant des vitraux.

Mais il faut partir. La route est longue, il importe de ne pas manquer le bateau de Riva. Vers sept heures et demie, nous quittons l'hôtel de l'Europe (souper 3,25, chambre 2,50, bougie 0,40, service 0,40).

Avant notre départ, le camérière, en bon Italien qu'il est, se précipite et, malgré son frac et sa dignité, mendie quelque menue monnaie. Par moquerie, le caissier lui donne vingt centimes qu'il empoche sans se faire prier.

Nous traversons la voie ferrée, puis l'Adige, enfin un long et interminable faubourg. Aussitôt une côte fort raide se présente devant nous. Nous montons lentement au milieu des jardins, villas, et nous dominons bientôt Trente et la vallée de l'Adige. Un dernier regard sur la ville du Concile, puis la route, toujours montant, tourne brusquement à gauche et s'engage dans un étroit et sauvage défilé au fond duquel court la Vella.

Pendant 7 kilomètres, la route s'élève ainsi taillée à flanc de rocher, le long du Monte-Bondone. Au bout du troisième kilomètre, nous mettons pied à terre. Le soleil, réfléchi par ces roches incandescentes, rend la marche en machine impossible. Nous descendons péniblement jusqu'au bord du torrent, et une ablution aussi complète que possible nous repose un peu de cette longue montée.

Brusquement, le défilé se resserre et, sur la cime, à quelque 20 pieds de nous, un château fort des plus complets, avec meurtrières, embrasures et glacis, tourelles et poivrières, etc., apparait. Le chemin, large de trois mètres à peine, s'engage sous une lourde porte gardée par un pont-levis Voilà qui prouve, une fois de plus, avec Gomagoï, ce bijou de forteresse qui gardait le défilé de l'Ortler, la confiance qui règne entre les deux bons alliés.

A la sortie de ce coupe-gorge, un nouveau pont, puis Cadine. La route commence enfin à descendre. A droite, un petit lac, celui de Terlago. Puis Baselgo, Vezzano. Une descente rapide sur une route poussiéreuse qui serpente au long d'une montagne aride et pelée nous y amène.

Au milieu du village, à un tournant de rue, je me trouve nez à nez avec un suisse gigantesque, la hallebarde au poignet, précédant une procession. J'ai juste le temps de mettre le frein pour ne pas renverser le brave homme et les enfants de chœur.

L'ami Leviroie, qui arrive derrière moi à grande vitesse, ne peut s'arrêter, et sa machine prend la mienne en travers. Tout cela dure moins d'une seconde. Nous ne tombons ni l'un ni l'autre. Le garde-boue d'aluminium et sa tige sont tordus, mais pas d'avarie grave malgré la violence du choc.

Nous assistons au défilé. Les sonneurs carillonnent avec rage. C'est la veille du 15 août, de l'Assomption, grande fête dans ces pays très catholiques. Aussi, dans tous les villages que nous traversons, les cloches sonnent à toutes volées.

Bientôt nous sommes en vue du lac de Toblino, étang plutôt que lac, aux eaux d'un vert pâle, frais et coquet, avec son joli castel du même nom qui surgit des eaux, à l'extrémité d'une pointe de terre qui disparait sous les mûriers. Le chemin excellent court le long de ce lac.

Puis, laissant à notre droite la route de Tione et de Brescia, nous traversons la *Sarca*, torrent bruyant et rapide qui donne son nom à la vallée.

Un peu après, nous entrons dans un véritable désert, chaos de pierres éboulées, sans un arbre, sans une herbe, au milieu duquel court bondissant la Sarca. Pas un village, quelques masures informes, habitées par des êtres misérables et loqueteux.

Heureusement, la route, quoique mauvaise, descend rapidement. Nous accélérons notre marche, fuyant ces lieux lugubres qu'on dirait bouleversés par quelque récent tremblement de terre.

Arco nous apparait bientôt avec son château archiducal. Quels sauvages que ces Trentins !

Sur la place, hommes et gamins, filles et femmes, poussent des cris de bête à notre approche, se précipitent sur nos machines, sans mauvaises intentions j'en suis persuadé, mais nous nous soucions peu de ces manifestations bruyantes, et quelques vigoureux coups de pédale nous mettent prudemment hors de la portée de ces brutes. Quelques marmots plus collants nous poursuivent encore de leurs huées.

Dire que cette ville, assez malpropre d'ailleurs, a reçu le nom de *Nice du Trentin* !

La route court maintenant au milieu des maïs, sur les marécages. La voie ferrée est à deux pas de nous.

Un dernier effort. Devant nous, les flots bleus du lac de Garde s'étendent jusqu'à l'horizon. Voici Riva. Nous descendons près du lac, à l'hôtel de Bavière.

Un portier galonné nous en fait les honneurs. (Hôtel assez bon mais très cher, peu recommandé.)

Après déjeuner, vers deux heures, je cours à la douane. Il s'agit tout d'abord de nous faire rembourser l'argent versé à Franzenshohe, à notre entrée en Autriche, et secondement d'obtenir pour nos machines l'entrée en franchise en Italie, puisque nous avons déjà payé les droits.

Pendant une heure, je parlemente en italien, en allemand.

Or, c'est aujourd'hui fête. La caisse du bureau autrichien ferme à onze heures. Il est deux heures ! Il va nous falloir attendre jusqu'à demain. Je supplie le lieutenant de service de nous éviter cet ennui. Bon enfant, il s'en va à la prochaine Banque et revient avec un paquet de gulden crasseux. Comme j'ai eu soin de faire mentionner sur notre reçu de la douane de Franzenshohe, que la somme a été versée en or, il nous paye l'escompte qui est de 19 0/0. C'est quelque chose.

J'ai fini avec la douane autrichienne.

Aux Italiens maintenant. J'avais pour ces braves latins quelque amitié. Mais je suis forcé d'avouer que mes relations avec les fonctionnaires de ce malheureux pays m'ont prouvé qu'il était difficile de trouver de plus parfaits brouillons. Grands gestes, longues et inutiles paroles. Ils pestent contre le douanier du Stelvio, l'injurient. Par surcroît, et malgré nos protestations, ils ont sottement coupé le plomb italien, et les voilà forcés de replomber nos machines — à nos frais, bien entendu.

J'empoche enfin deux longues feuilles où mon nom figure sous le titre mirifique de capitano della banda. Où sont nos tromblons ?

Pendant tout ce temps, car messieurs les douaniers ne se pressent pas, le bateau attend patiemment que nous embarquions. Enfin, c'est fini, nous voilà sur le *Sermione*. Un dernier coup de cloche, on tire la passerelle. L'énorme bateau évolue lentement, en route pour *Desenzano* (1re classe 4 fr. 50, 0 fr. 25 par bicyclette).

Le lac de Garde est le plus grand de l'Italie, il a 60 kilom. de long. Sa largeur est des plus variables : très étroit près de Riva, il a plus de 16 kilom. près de la presqu'île Sermione. Il est, paraît-il, exposé à de violentes tempêtes. Virgile les a signalées. Catulle a chanté ce lac sur les bords duquel il a vécu. Voilà pour les anciens. Quant à nous, nous l'avons trouvé fort beau. Les eaux sont d'un bleu inimaginable, bleu indigo foncé, d'une pureté extrême.

Son cadre est sauvage, au moins près de Riva. La brume, qui à ce moment masque le fond, le prolonge à l'infini. Le vent souffle assez violent, le bateau roule quelque peu.

Limone et *Malcesina*, bois épais d'oliviers et rangées innombrables de citronniers collés aux murs en espalier. Ces murs sont étagés comme d'immenses marches d'un escalier de géants. Château de Malcesina.

Vers *Salo*, le paysage s'agrandit et la vue devient merveilleuse. Au ras de l'eau, baignant dans l'eau, de charmantes villas aux balcons enguirlandés, protégés par des stores aux vives couleurs.

De chaque côté, de vertes terrasses qui disparaissent sous les figuiers et les lauriers roses. Le tout baigné de lumière vive, intense.

A chaque station, une foule enrubannée de vives couleurs, aux vêtements éclatants, tirant l'œil, va, vient, monte, descend. Sur le pont un gigantesque carabinier au sombre costume ; non loin de lui un jeune lieutenant sémillant, pincé, sanglé dans un uniforme ridiculement étroit.

Et le bateau continue sa marche, vers le Sud. 4 heures de traversée. Déjà le jour diminue et les tons plus doux sont plus beaux encore. La rive s'abaisse lentement, le lac prend des aspects de mer, la brume peu à peu descend. Bientôt nous laissons à notre gauche la presqu'île de Sermione où vécut Catulle, et les vastes plaines de la Lombardie apparaissent infinies sans une colline, sans une hauteur.

Desenzano. — Nous descendons au bord du lac, à l'hôtel Royal. Hôtel simple et modeste, malgré son nom pompeux. Nous dînons le soir au bord du lac, et assistons au défilé des indigènes curieux, qui font avant la nuit leur tour du lac.

Le soir tout à fait venu, nous errons par les rues jonchées de détritus de toute espèce : tranches de pastèques, écorces de citrouille. Quelques cafés ouverts, bien simples, 3 tables derrière un rideau. Une mauvaise lampe au pétrole oscille au plafond.

Une étoile dans la nuit, c'est le phare de Sermione qui s'allume. Rentrons.

*
* *

LUNDI 15 AOUT. — *Desenzano, Venise* par chemin de fer 5 h. 1/2.

Voici 13 jours que, sans un arrêt sérieux, nous roulons en machine. Voici un nombre déjà respectable de kilomètres abattus et Dieu sait par quels chemins. Nous décidons de prendre un jour ou deux de repos. A quoi mieux employer ce temps qu'à visiter Venise la belle, dont nous sommes si près. Nous laisserons nos machines à l hôtel Royal et le train nous conduira en quelques heures à Venise.

En wagon à travers la plaine lombarde. Triste pays d'une désolante uniformité, auquel les Alpes du Tyrol tracent au Nord une ligne de fond nette et froide.

A l'infini, des champs de maïs et de muriers. Les arbres tout enguirlandés de vignes semblent se donner la main et danser autour des champs une sarabande échevelée.

Castiglione, Solférino, Custozza. San Martino, Montebello, les moindres bourgades sont des lieux historiques, les moindres stations rappellent d'immortels souvenirs. Partout des colonnes surmontées de l'aigle impérial rappellent les luttes sanglantes dont cette terre fut le témoin.

Vérone, 20 minutes d'arrêt. De la ville des Montaigus et des Capulets, nous ne connaîtrons que le buffet, d'ailleurs excellent.

Nous faisons provision de Chianti que nous emportons dans de coquettes bouteilles cerclées d'osier. Il fait d'ailleurs une chaleur étouffante. Seuls dans notre compartiment, nous nous mettons à l'aise en gardant juste de vêtement ce que notre pudeur nous empêche de quitter et, tout le long de la route, c'est à chaque station une consommation invraisemblable d'aqua fresca, de limonade et de fruits qu'interrompent seuls les commandements *par-*

tanza, prompti, des chefs de gare italiens. D'immenses gendarmes empanachés contemplent avec surprise ces quatre sauvages en chemise, qui boivent, boivent... oh ! de l'eau glacée. Hélas ! le Chianti est épuisé.

Voici *Vicence*, *Padoue*. — Le train court maintenant à travers la Vénétie. Le pays est plus fertile, plus riche semble-t-il. Les villages sont coquets, les routes bien entretenues. Cela ne ressemble plus du tout à la Lombardie.

Mestre. — Ici commence un immense viaduc, long de 4 kilom. qui franchit les lagunes aux eaux profondes de 2 à 3 mèt.

Venise. — Nous nous précipitons à bas du wagon. Sortis de la gare, nous voilà sur le Grand-Canal. Une foule de gondoles toutes du plus beau noir, attendent les voyageurs. Nous entrons dans l'une d'elles. Deux gaillards très décoratifs, d'ailleurs, au visage cuit et recuit par le soleil, vêtus d'indienne rayée, avec large ceinture et pantalon flottant se précipitent. *Basta uno*, faisons-nous, et l'un d'eux s'en va tristement. Deux gondoliers pour quatre personnes, ce serait un luxe insolent.

Allons en route : Piazza San Marco. Et voilà notre homme évoluant avec une extraordinaire habileté, à l'aide d'une unique rame, longue et lourde, par un dédale inextricable d'étroits canaux, aux eaux sales, puantes, où surnagent écorces de citrouille, épluchures variées et autres détritus non moins odorants. Un gamin vêtu de sa seule pudeur prend ses ébats dans ce magmas putride. Les maisons sont délabrées, vermoulues. Une végétation cryptogamique envahit les dalles de marbre des escaliers. Bref, notre première impression en voyant Venise fut la surprise et un peu de déception mal déguisée.

Arrivés à la place Saint-Marc, nous payons au

gondolier 1 franc, prix de sa course, et nous ajoutons 20 cent., pourboire honnête à notre avis. Le gaillard, furieux, repousse au large sa gondole et, jettant noblement nos 24 sous au fond de son bachot, s'en va en ronchonnant quelques injures.

Je n'ai pas la prétention de narrer les merveilles de Venise. Je ne veux que signaler les choses qui nous ont le plus frappés durant notre trop court séjour dans la cité des doges.

Place Saint-Marc. — Cette immense place avec ses palais, ses procuraties, sa merveilleuse église de Saint-Marc, son campanile, est une des plus belles choses qui se puissent voir à Venise. Quant à l'église elle-même, c'est moins une église qu'un musée. On voit que les Vénitiens, qui ont élevé ce temple, étaient avant tout des marchands, des collectionneurs. C'est un fouillis de pierres précieuses, de mosaïques et de bibelots, oh ! d'artistiques bibelots, volés un peu partout. Statues, bronzes, marbres, ornements de toutes espèces, que sais-je ? C'est une débauche d'or, de cuivres et de mosaïques qui fatigue à la longue. A signaler sur la façade les fameux chevaux de bronze dits de Néron. Quelle odyssée fut la leur ! Rome, Byzance, Venise, Paris. Venise, voilà leur itinéraire accidenté. Si l'intérieur de Saint-Marc est curieux, l'extérieur est bien lourd. Cela ne vaut certes pas le palais des Doges, merveille d'architecture arabe, plus merveilleusement décorée des peintures du Titien, de Tintoret et de Véronèse. On nous fait voir les plombs, *i piombi*, les puits, *i pozzi*, etc.

Cependant quelque chose me choque. Sans être architecte, je me demande comment un mur de marbre si lourd, si massif, repose sans l'écraser sur une galerie découpée, ajourée, frêle à donner le frisson quand on y passe.

Une visite au campanile de Saint-Marc est toute

indiquée. De là, en effet, on embrasse non seulement la ville mais encore l'immense perspective des lagunes d'où émerge Venise ; du haut de ce belvédère, la cité des doges s'étale en une gigantesque projection horizontale, dessinant une large mosaïque découpée de lignes bleues, les canaux. Deux de ces canaux plus grands que les autres traversent la ville, l'un surtout sillonné de gondoles. le Grand-Canal traverse Venise en y dessinant un S gigantesque.

On a beau être touriste, s'être fixé un maximum de 36 heures pour admirer Venise, la fatigue ne s'en fait pas moins sentir. Par surcroît, la chaleur est intolérable. Le thermomètre atteint des hauteurs scandaleuses. Heureusement le café Quadri n'est pas loin. Nous dégringolons au galop les 98 mètres du campanile et quelques instants plus tard nous dégustons avec félicité des *gelati*, glaces volumineuses autant qu'excellentes du prix modique de 0 fr. 30.

A 6 heures, médiocre souper, chèrement payé, chez Grunderwald, bien à tort considéré comme le meilleur restaurant de Venise. La soirée s'achève en écoutant sur la place Saint-Marc, toujours derrière des *gelati*, oh ! ces *gelati !* l'excellente musique des équipages de la flotte.

Une foule se presse. Des marchandes de bouquets, au très engageant sourire, veulent absolument nous fleurir. Quant aux *professionnal beauties* de tous modules, elles abondent, depuis la fillette au châle noir et en pantoufles, aux cheveux tombants, jusqu'à la poupée cosmopolite peinte et fleurie. Nos barbes vieilles de quinze jours, notre tenue approximative, la noble poussière qui nous couvre sont autant de remparts à notre fragile vertu.

Quel hôtel que cette *Luna*, car tel est son nom. Je ne le recommande pas aux touristes. Nous n'avons pas fermé l'œil. Derrière ma porte on cire, avec acharnement, d'infinies paires de bottes, et le personnel charme ses occupations par de vives discussions à haute voix. Enfin le matin arrive. Grâce à ma moustiquaire, j'ai échappé aux piqûres des zinzares, les trop célèbres diptères des lagunes. Mes camarades moins favorisés ont été plus ou moins entamés. Ça se voit.

*
* *

Mardi 16 août. — De très bonne heure, nous quittons notre hôtel et nous prenons le bateau mouche qui pour 0 fr. 10 nous promène le long du Grand-Canal. D'innombrables palais le bordent, souvent forts élégants. Malheureusement un grand nombre d'entre eux ont été transformés en hôtels, bureaux, voire en casernes, et pour cet usage, affreusement crépis de rose.

De retour à la place Saint-Marc, un nouveau bateau partant de la Piazetta nous emmène aux Jardins publics. Je ne sais rien de plus merveilleusement joli que cet embarcadère de la Piazetta vu de la mer. Notre admiration est brusquement troublée par les notes perçantes d'un clairon, qui sonne un de nos airs français, mais sur un diapazon plus élevé. Nous passons, en effet, à quelques mètres d'un fort beau navire, l'école des gabiers, nous dit-on. Les hommes font la manœuvre du fusil, du canon. Quelques minutes après nous débarquions aux Jardins publics.

On y trouve de frais ombrages, des parterres fort bien entretenus. De nombreux cafés-concerts, restaurants attirent chaque soir les promeneurs en ces jardins brillamment éclairés à l'électricité.

Un curieux spectacle nous attendait à notre retour ; un enterrement en gondole. Le cortège sort de Saint-Marc. La gondole funèbre, tout de rouge tendue, montée par quatre gondoliers, porte une faux d'argent à l'avant. Une lanterne voilée oscille à son bord. Le cercueil est péniblement glissé dans la logette qui occupe le milieu de la barque. Les prêtres, les enfants de chœur, la famille s'entassent dans d'autres gondoles et le cortège glisse sans bruit sur les eaux, sous le pont de la Paglia et celui des Soupirs conduisant le corps au cimetière de l'île San Christoforo.

Le train qui doit nous conduire à Desenzano ne part qu'à 4 heures, c'est plus de temps qu'il n'en faut pour aller au Lido. Les petits vapeurs qui font le service sont surchargés. Tout ce monde va aux bains célèbres du Lido.

Sur le pont, de nombreuses vénitiennes, aux fameux cheveux d'or, indiscrètement vêtues ou plutôt drapées d'un grand châle rayé aux vives couleurs. J'oubliais l'inséparable éventail qui leur tient volontiers lieu de chapeau. Leur teint est d'une blancheur et d'une transparence extraordinaires. Trop souvent, malheureusement, des marques non équivoques de scrofule déparent les plus jolis visages.

Tout ce monde, à peine débarqué, se précipite dans de petits tramways qui mènent aux bains. La chaleur est intense, le thermomètre marque à l'ombre 42 degrés. L'eau de l'Adriatique est brûlante. Nous nous hâtons de fuir cette fournaise et le bateau qui nous emmène arrive juste deux minutes avant le départ du train. Vers les huit heures, nous rentrions dans notre hôtel, à Desenzano.

Pendant le souper, grand conseil. Devons-nous aller à Milan en machine (115 kil.) ou par le train ? Les avis sont partagés. Cependant, l'un fait valoir avec éloquence la chaleur épouvantable qui nous attend sur ces routes poussiéreuses et peu ombragées, le peu d'intérêt du chemin d'une désolante monotomie. Son avis prévaut. Nous irons à Milan par le train. Au reste, il s'agit de regagner les deux journées consacrées à Venise.

*
* *

17 AOUT. — *Descenzano, Milan.*

(Hôtel royal, prix : chambre 2 fr, service 0,50, bougie 0,50, dîner 3,50). Du voyage très peu intéressant (3 h. 1/2), je ne dirai rien. Nous descendons près de la gare, hôtel de Côme (recommandé), et bientôt nous voilà courant la ville. Fort belle, très moderne, trop peut-être. Larges avenues. Belles constructions.

Les rues sont pavées d'un cailloutage de galets que traversent des rangées de dalles de granit formant une quadruple piste étroite, mais très roulante, qu'affectionnent les voitures et les nombreux cyclistes que nous rencontrons.

Voici la cathédrale, le Dôme, immense édifice de marbre blanc aux dimensions géantes. J'ai gardé de ce monument, vu sous une lumière intense, un *éblouissant* souvenir. Après une bonne demi-heure consacrée à la visite de l'immense édifice et une courte promenade sous les galeries Victor-Emmanuel, nous tenons à la brasserie Gambrinus un important conseil.

L'Italie nous est redevable de 336 fr. et quelques centimes. Etant donné le médiocre état de ses finances et la rapacité de ses douaniers, qui s'obstinent à ne pas rendre l'argent, nous ne sommes pas sans inquiétude sur le sort de notre dépôt que nous serions désolés de voir accaparé par le trésor italien. Nous décidons une visite au bureau des douanes — au-delà de la Porta-Nuova.

Le directeur des douanes, personnage d'aspect modeste et dont les connaissances géographiques nous paraissent incomplètes, nous explique que si nous voulons sortir de l'Italie par le Simplon et obtenir le remboursement de notre argent, il nous faut aller à Novare : « Avec vos bicyclettes, ajoute-t-il d'un air souriant, ce sera bientôt fait. » Et, consultant une carte fixée au mur, il cherche Novare quelque part du côté de Genève. Nous protestons contre cette tentative naïve d'annexion ; nous lui faisons voir que Novare, quoique moins éloignée que Genève, est encore trop loin, qu'au reste nous nous soucions de Novare comme d'une figue et qu'il s'agit de nous rembourser ici, si on ne le peut plus loin. — « Désolé, je n'y puis rien ; allez à l'Intendance des finances. » Et, de la Porte Neuve, nous courons a l'opposé de la ville, derrière la place du Dôme, à la recherche de l'Intendance.

Devant la porte, un factionnaire qui a plutôt l'air d'un malade d'hôpital, sous son accoutrement fort peu guerrier, nous désigne un escalier malpropre et nous grimpons, traversant des salles vides où des paperasses trainent en désordre, pour tomber enfin sur quelques huissiers ou employés de bureau qui nous regardent stupéfiés d'être ainsi interrompus dans une partie de cartes mouvementée.

Un d'eux se décide enfin à nous conduire à travers d'autres bureaux où de pauvres diables miséreux sommeillent le nez dans une gazette, jusqu'au directeur qui bégaye quelques mots de français. Lui aussi veut nous envoyer à Novare. Bien mieux, il nous propose de lui abandonner le *docoument*. Des cris d'horreur et d'indignation répondent à cette insidieuse proposition. Quitter notre *docoument*, notre reçu de 336 francs et des centimes, jamais : plutôt mourir. Nous saluons ce vieux beau à l'air vanné et ataxique, et nous courons chez le consul de France.

Le consul est invisible, bien entendu. Mais nous trouvons le secrétaire, fort aimable d'ailleurs, et dont nous n'avons eu qu'à nous louer. Nous confectionnons, sur son conseil, une lettre où le *capitano della banda* traite l'intendant des finances d'excellentissime et illustrissime, et où je donne de la troisième personne, à cette Toute-Puissance qui, à en juger par son collègue de Milan, est quelque pauvre diable d'employé, qui gagne peut-être à peine de quoi payer ses chaussettes. Dans cette lettre, je prie ladite Excellence qu'Elle veuille bien donner des ordres pour que nous soyons remboursés de notre avance à notre sortie d'Italie par Porlezza.

Quand il s'agit de faire apostiller ma signature, je me fouille et ne trouve pas la moindre pièce d'identité. Dans mon empressement à me délester de tout bagage inutile, j'ai tout quitté, même l'indispensable. Grâce à mes compagnons qui ont conservé, qui un passe-port, un autre sa carte du Club-Alpin, nous pouvons prouver que nous ne sommes pas des forçats en rupture de chaîne, et notre lettre, dûment scellée, visée, parafée, part enfin pour Novare. Quant à nous, heureux de quitter cette terre peu hospitalière, au lieu de passer par le Simplon, nous sortirons d'Italie par Porlezza, c'est plus court.

***

Jeudi 18 août. — *Milan, Côme, 48 kilomètres : Côme, Menaggio*, par bateau, *Menaggio, Porlezza, 11 kilomètres ; Porlezza, Lugano*, par bateau, total en machine : *60 kilomètres.*

A 5 heures, on sonne le départ. Nous quittons l'hôtel de Côme, *Albergo di Como*, où nous avons été fort bien traités à prix modeste (chambre 2 fr., déjeuner 3 fr., dîner 3 fr. 50).

En route pour Côme par la porte Garibaldi. Après des détours sans fin et une sortie pénible de la ville, nous voilà sur la route. Très mauvaise. Dans 20 centimètres de poussière, d'énormes pierres sont semées. Inutile d'essayer de marcher au milieu de la route, les roues patinent dans cette poussière épaisse et n'avancent plus. Force nous est de suivre un mauvais sentier, large de 40 centimètres au plus, coupé d'innombrables rigoles et que suit en ce moment une interminable file d'ouvriers allant au travail. Nous en dérangeons peut-être un millier. Dans le nombre, quelques-uns, moins accommodants, refusent de se garer et risquent fort de nous renverser ou de nous jeter dans le fossé. Heureusement, nous sommes devenus quelque peu acrobates et très tolérants, sans quoi, Dieu sait comment les choses auraient fini.

La route, très monotone, à peu près plate, court au milieu des maïs et des vignes. Quelques villages assez propres, paisibles et ensoleillés, sont traversés sans un arrêt. Il s'agit d'arriver avant le départ du bateau. Nous pressons la marche, évoluant entre les poteaux de télégraphe et les innombrables bornes qui séparent la chaussée du sentier.

Camerlata. — La route est devenue meilleure, elle descend lentement.

Bientôt Côme apparaît et, par une descente fort belle sous les arbres d'une longue promenade, nous entrons dans la ville.

Sans hésiter, guidés par cet instinct particulier commun au touriste et au pigeon voyageur, nous traversons un dédale de rues étroites pour arriver enfin au port, où le bateau nous attend. 10 minutes encore avant le départ. Mais nous ne sommes plus que trois ; où est le quatrième, ce brave Copernick ? Dans notre empressement, nous l'avons oublié sur la route.

Un quart d'heure se passe, le bateau part, mais notre compagnon n'arrive pas. Une demi-heure, trois quarts d'heure ! Déjà très inquiets, nous allions partir à sa recherche, quand notre pauvre ami arrive, un genou déchiré, navré, vanné et et se plaignant amèrement de notre lâche abandon. Nous avons juste le temps de sauter dans le dernier bateau. (Côme à Menaggio, 2e classe, 1 fr. 95 : 0 fr. 40 par bicyclette.) Un dernier coup de cloche et bientôt le bateau fend les eaux du Larius, vulgo du lac de Côme. C'est bien le plus beau lac d'Italie, avec les hautes murailles de verdure qui l'enserrent et où s'étagent d'innombrables villas perdues dans un fouillis d'arbres et de plantes en splendide floraison.

Le bateau glisse entre ces hautes montagnes couvertes d'oliviers, de vignes et de citronniers. Mais la merveille du lac, c'est Bellaggio avec ses magnifiques terrasses enguirlandées de glycine. Quel splendide séjour, du moins au printemps, car, à cette heure, un soleil torride achève de nous bronzer.

Après un long arrêt, le bateau vire sur place et, traversant, nous débarque sur l'autre rive, à Menaggio.

11 kilomètres nous séparent de Porlezza. La route monte rapidement dès la sortie du port jusqu'à *Croce*. Bientôt, les trois bras du lac nous apparaissent nettement dans un merveilleux ensemble. Puis tout disparait et nous montons lentement à pied à travers de riants hameaux, par une route ombreuse, au milieu des jardins et des clos. Peu à peu la pente s'adoucit, et bientôt nous roulons bon train sur un large plateau fertile dont la fraîcheur contraste singulièrement avec la température équatoriale de Menaggio. Bientôt la descente commence. Un lac s'étend devant nous. Est-ce déjà le lac de

Lugano? Non, c'est le petit lac de *Piano*, mais l'autre n'est pas loin. Nous franchissons un torrent minuscule mais bruyant, et nous arrivons devant la douane de Porlezza. A notre approche, un douanier bondit avec l'agilité d'un quadrumane. Il arrête un personnage galonné et nous désigne du doigt : voilà les vélocipédistes.

— Vous êtes quatre, n'est-ce pas, fait le chef en français

— Oui, m'sieur, pour vous servir.

Et j'exhibe mon inséparable *docoumente*, mon papier rendu crasseux par les attouchements peu discrets d'innombrables fonctionnaires du royaume. Quand il lit le chiffre 336 francs et quelques centesimi, le pauvre diable pense se trouver mal. Il a 25 francs en caisse.

— Partez-vous de suite ? me dit-il.

— Non, nous dînons ici.

Il prend sa casquette, et court comme un fou vers le bateau qui, déjà, dérapait. On l'attend et il embarque.

Nous allons dîner à l'Albergo del Lago, chez la signora Bertera Gabriele où, pour 2 fr. 50, nous nous offrons un déjeuner bien compris. Après quoi, nous retournons à la douane. Le bateau, vers les 3 heures, revient de Lugano, et le pauvre *capo doganière*, qui vient de se payer une double traversée de deux heures et qui s'est passé de déjeuner, nous rembourse nos 336 francs et les fameux centesimi en papier italien. Mais quel papier ! Billets des banques de Naples, de Turin, billets d'Etat. « Vous perdrez au change, nous avoue-t-il tristement, mais je ne puis mieux faire. » — « Console-toi, brave homme, et va dîner. »

J'empile avec émotion ces chiffons polychromes, à la fois surpris et joyeux de me retrouver en possession de ce dépôt fait à l'Italie et que je désespérais de jamais revoir. Je n'ai jamais franchi une frontière avec un pareil soulagement. Aussi je jure bien que de longtemps on ne reverra en Italie les roues de ma machine.

En route pour Lugano. Cette partie du lac est peu remarquable. Rien ne vient en rompre la trop sévère monotonie. Bientôt le San-Salvatore se découvre, et Lugano nous apparaît gracieusement étagé sur les bords du lac. Nous débarquons, mais avant de partir en excursion par la ville, il nous faut encore passer à la douane Suisse. Oh ! ces douanes ! j'en ferai une maladie. Heureusement nos plombs et nos papiers sont en règle, tout se passe sans encombre et nous voilà en quête d'un gîte. Nous optons pour l'hôtel Suisse.

Un changeur nous troque, non sans perte pour nous, nos crasseux papiers contre bonnes espèces sonnantes. Nous contemplons avec curiosité ces effigies que depuis notre entrée en Autriche nous n'avons pas revues. C'est qu'en Autriche pas plus qu'en Italie on ne voit d'argent — d'or bien moins encore. En revanche on y trouve des billets de 2 francs, de 1 florin, des kreuzer et des sous.

Une promenade en canot nous remet de nos fatigues. Nous achevons la soirée à la brasserie Walter, que je recommande aux touristes. On y boit d'excellente bière. Quant à l'hôtel Suisse il n'est pas plus mauvais que les autres, mais ne prenez pas de vin dit d'extra : le moins cher est le moins mauvais.

*
* *

VENDREDI 19 AOUT. — Aujourd'hui repos. Quand je dis repos, cela signifie que nos machines vont rester inactives. Notre projet est d'aller visiter le lac Majeur et les îles Borromées. Mais on conçoit que nous nous soucions peu d'aller verser une nouvelle fois, ès main des douaniers de Ponte Tresa, la forte somme de 336 francs et les fameux centimes, avec la perspective très lointaine d'un remboursement problématique. Nous prenons donc sur le bateau un billet aller et retour, 2e classe, pour les îles Borromées, du prix de 7 fr. 10, y compris le transport en chemin de fer de Ponte Tresa à Luino. On ne s'imagine pas comme c'est agréable de voyager ainsi les mains dans ses poches, alors que les touristes qui nous font compagnie sont encombrés de sacs, valises, cannes, parapluie, etc. Nous voilà donc naviguant sur les flots bleus du Ceresio. Vis-à-vis Mélide, un pont gigantesque rejoint les deux rives à Bissone. Sur ce pont, passe le chemin de fer du Gothard à Côme et Milan. Cette partie du lac est fort belle, étonnamment fertile et d'une délicieuse fraîcheur. Mais, pour gâter ces merveilles naturelles, il suffit des innombrables silhouettes de douaniers italiens qui surgissent de partout et dont les guérites sans nombre forment une ligne continue qui jalonne la frontière, c'est-à-dire la rive italienne du lac.

Ponte Tresa. — Tout le monde débarque. — Visite de douane. — Encore une ! J'ai rarement éprouvé, et mes compagnons aussi, plus de plaisir qu'à passer, les deux mains dans mes poches, sous le nez des douaniers italiens qui considèrent avec surprise et quelque défiance ces trois touristes qui voyagent avec un aussi mince bagage. Ces trois touristes, ai-je dit. C'est qu'en effet, nous venons de perdre un de nos compagnons, l'ami Mersy, qui nous a quittés le matin même, et dame ! la petite troupe se ressent de cette réduction dans son effectif. — Revenons à nos douaniers. — Bientôt notre joie égoïste est à son comble. Les sbires italiens chavirent avec zèle les malles d'un parti bruyant d'Anglo-Saxons. Il faut voir avec quel soin, quelle délicatesse, ils retournent les jupes, les robes — ouvrant une foule de petits sacs, avec une indiscrétion qui fait rougir les petites misses qui assistent navrées à cette barbare opération. Il faut les voir ces bons douaniers, scrutant les moindres paquets, examinant les doublures des vêtements, reniflant les gants Ah! c'est une bien belle institution que les douanes. Enfin, après une demi-heure de ce consciencieux examen, nous partons. Le petit convoi qui doit nous conduire à Luino (12 kil.) est composé de trois ou quatre longues et étroites voitures, traînées par un embryon de machine crasseuse, dont les cuivres disparaissent, ainsi que la peau de ses chauffeurs, sous une épaisse couche de charbon. Elle tire à grands efforts, et avec des gémissements de bête surmenée, le minuscule convoi, qui grimpe lentement une petite chaîne de montagnes séparant le lac Majeur de celui de Lugano.

Damnés douaniers! Quel dommage de n'avoir pu faire en machine cette route si belle, à travers un paysage d'une fraîcheur extraordinaire, au long de la Tresa. Mais déjà nous sommes au bout de notre route. Les 12 kilomètres ont été rapidement franchis. Voici *Luino*. 20 minutes d'arrêt avant le départ du bateau pour Baveno. Sur le quai qui borde le lac, d'innombrables marchandes de fruits, de pêches, raisins appellent les clients. Quanto? fait Copernic, en désignant un petit panier de pêches. Due lire (2 francs). Il dépose gravement vingt sous dans le tablier de la vendeuse et nous empochons les pêches. La bonne femme essaie de protester, gesticule en invoquant les saints. Quelques mots très brefs, mais énergiques, et un geste éloquent lui ferment la bouche. Au reste, elle n'a pas fait une mauvaise affaire, nous dit une voisine. Quelques Anglaises qui ont consciencieusement payé les 2 francs requis, nous regardent avec admiration. Je recommande cette façon de procéder sommaire à tous ceux qui voyagent en Italie. Qu'ils se persuadent bien qu'il faut, même dans le plus beau magasin de Milan, de Venise ou de Rome, diminuer sans vergogne de la moitié ou des deux tiers les prix faits, si l'on ne veut être volé et encore...

Nous embarquons. — Le bateau est encombré de passagers. Je m'amuse à parcourir des yeux les adresses des bagages. Presque tous les passagers sont Américains ou Anglais. Quelques Allemands. Un couple français de jeunes époux que nous rencontrerons désormais partout jusqu'à la fin de notre voyage. La traversée est terriblement monotone. Le lac Majeur est médiocrement pittoresque, du moins à mon avis. En approchant de Baveno, les cimes vaporeuses du mont Rose, du Simplon et du Gothard lui donnent quelque charme. Mais j'avoue avoir été fort peu impressionné à la vue de cette merveille tant célébrée.

Après un arrêt de quelques heures à Baveno, pour déjeuner, nous repartons pour les îles Borromées. Les voilà devant nous toutes trois, l'Isola Bella, l'Isola Madre, l'île des Pêcheurs. Simples ilots déserts autrefois, c'est le prince Vitallius Borromée qui y fit apporter de la terre végétale et construire, c'est le mot, les jardins ou plutôt les terrasses superposées qui sont devenues si célèbres. On a successivement comparé, avec une égale exagération, la plus renommée de ces trois iles, l'Isola Bella, aux jardins d'Armide et de Circé et à un pâté du Périgord. Les sept terrasses superposées de l'Isola Bella avec leur végétation tropicale : oranges, camphriers, cédrats, araucarias, camélias, myrtes et citronniers valent mieux que cette dernière comparaison. Au bout de quelques minutes, nous étions à destination, et nous commencions la visite des terrasses, sous la conduite d'un jardinier très ferré en botanique, car il ne nous fit pas grâce du moindre

Lugano.

arbuste. Sous leur nom latin, les moindres citronniers et cédrats devenaient des plantes aussi merveilleuses qu'ignorées. Ce qu'il y a de plus beau, à mon simple avis, dans ces jardins et surtout dans le château assez banal, c'est la vue superbe sur le lac et les Alpes qui ferment, dans un lointain vaporeux, le paysage baigné de lumière intense.

Deux heures plus tard, nous reprenions le bâteau de Lugano après avoir refait, en sens inverse, notre route du matin.

* * *

20 AOUT. — *Lugano*, *Bellinzona* (222), *Biasca* (339), *Faido* (721), *Airolo* (1170), 110 kil. ; *Airolo* à *L'Hospice*, 13 ; *Hospice* à *Hospenthal*, 13 ; *Hospenthal* à *Andermatt*, 3. — Total 139 kil.

La pluie fait rage. Il est deux heures du matin, encore deux heures avant le départ, je consulte avec anxiété le ciel où pas une étoile n'apparait. La pluie tombe à flots et crépite sur les toits de zinc. Cela nous promet une jolie route. Enfin, vers les quatre heures, la pluie diminue et bientôt s'arrête. Un garçon tout endormi nous ouvre la porte et nous marchons rapidement à travers les inextricables dédales de rues tortueuses du côté de la gare (5 h. 1/4). Un plan très incliné nous y amène De là nous dominons la ville et le lac. Le coup d'œil est merveilleux. Le ciel s'est éclairci. Des nuées effilochées par le vent glissent rapidement, chassées par le vent du Sud.

Encore quelques gouttes, larges et froides. Nous revêtons nos pèlerines imperméables, et nous voilà pédalant ferme vers la vallée du Tessin. La route est assez pénible, et présente de nombreuses montées. D'innombrables villages se succèdent étroitement serrés les uns près des autres.

Le paysage est charmant et d'une délicieuse fraicheur.

Vezïa, Lamone. — Ici commence la vallée de l'Agno, fort étroite, aussi la route et le chemin de fer courent-ils parallèlement à quelques mètres de distance. A chaque instant, la route passe et repasse sur la voie ferrée. Les barrières sont souvent closes et les garde-barrières absents. C'est encore un retard dont nous n'avions pas besoin, car l'étape est longue et pénible.

Taverne. — Ici nous traversons l'Agno. La vallée se resserre de plus en plus ; les villages se font rares. Les flancs de la montagne sont couverts de châtaigniers et de noyers. Nous marchons rapidement, car il fait très frais et la route quoique jolie est assez monotone. Mais bientôt nous arrivons au pied du Monte- Cenere, et nous escaladons lentement aux côtés de notre machine ses 552 mètres. La route est affreuse — si l'on peut appeler route un chaos de galets jetés en une couche épaisse sur un sol fangeux. La marche à pied est déjà fort difficile et, trébuchant, geignant et quelque peu jurant, nous achevons les quelques kilomètres de la montée.

Au sommet du col, la vue s'étend fort loin. Un gigantesque panorama s'étale, nettement fermé dans le lointain par les énormes murailles aux crêtes blanches qu'élèvent les Alpes. Dans ce fouillis de cimes géantes, un étroit couloir, c'est la vallée du Tessin, notre route. A gauche, le lac Majeur et l'embouchure du Tessin. Devant nous Bellinzona, ceinte de murs crénelés et commandée par ses trois châteaux jadis fortifiés. Puis, la route plonge brusquement. La descente est fort rapide, dangereuse. Les lacets sont brusques, très difficiles à prendre. Heureusement la descente est courte, 5 à 6 kilom. environ, et avec quelque prudence nous nous en tirons sans accident. Mais c'est avec satisfaction que nous trouvons enfin un sol plat sous nos roues. La route droite comme un I s'allonge devant nous jusqu'à Bellinzona pendant 3 kilom. environ.

Nous traversons sans un arrêt cette ville assez curieuse d'aspect, mais très sale. La route est excellente, quoique fort étroite. Au reste la vallée est si resserrée qu'il n'y a guère place que pour la voie du chemin de fer, le Tessin, et elle. A quelques kilom. de Bellinzona nous laissons sur notre droite la route du Bernardino, un peu avant, nous traversons la Mœsa venue de ce puissant massif qui enserre à droite comme le Gothard à gauche l'étroite coulée où bondit le Tessin.

Cette partie de la vallée est dite *Riviera*. Elle est extraordinairement fertile Vignes énormes. châtaigniers géants, muriers et figuiers. La pierre n'est pas chère. Gneiss et micaschistes se laissent découper de toute manière et employer à de multiples usages. Pour la première fois je vois ici des blocs de gneiss longs et grêles devenus poteaux de télégraphes et tuteurs pour la vigne, d'autres taillés en dalles minces forment la couverture des maisons. Les champs, les jardins sont aussi délimités par de larges plaques où le mica étincelle.

Enfin *Biasca*. — La route est toujours très bonne, à peu près plate, elle court enserrée entre de hautes cimes.

Bodio, puis *Giornico*. — A la sortie du village, la route passe sous la voie ferrée qui franchit la vallée sur un splendide viaduc. Puis la montée commence longue et pénible. Le chemin paraît sans issue.

Devant nous le trou sombre et béant où s'engouffre en ce moment le train de Milan. La route en serpentant gagne les hauteurs et c'est seulement du haut de ces crêtes qui nous semblaient inaccessibles que nous comprenons le chemin suivi par la route et le tracé invraisemblable du chemin de fer.

A nos pieds, et en partie aussi sous nos pieds, deux tunnels en spirale, par lesquels le train s'élève lentement.

Tout autour de nous, les sources jaillissent à profusion, en innombrables cascades dont les eaux égayent et animent ce paysage tourmenté. Au reste, malgré notre longue route, jusqu'ici effectuée sans un arrêt, la fatigue ne se fait pas sentir. Ces sites qui changent continuellement d'aspect comme les vues d'un kaléidoscope préoccupent si vivement notre attention, que nous ne nous apercevons pas du chemin déjà fait, ni ne pensons heureusement à la route, bien longue encore, qu'il nous reste à fournir.

Voici *Faido*. — Une gentille brasserie à l'entrée du village et à gauche de la route (recommandée) nous arrête.

Voici 80 kilom. de franchis. Quelques verres de bière sont les bienvenus. Cela va nous donner les forces nécessaires pour nous conduire jusqu'à *Airolo*, où nous devons prendre notre repas.

Faido à Airolo. — Voilà sans contredit la plus belle partie de la route. Je pourrais entasser ici les épithètes laudatives, interjections admiratives les plus enthousiastes, cela ne peindrait pas ces sites splendides.

Quant à les décrire, à rendre l'impression saisissante qu'ils nous ont produite, je m'en avoue parfaitement incapable.

Il y a dans ces horreurs naturelles quelque chose de trop grand. On se sent trop ému pour analyser ses impressions, on admire sans raisonner, et quand on s'arrache à regret à la contemplation d'un de ces sites changeants, on se retourne encore pour en jouir une nouvelle fois.

Ces gorges de Dazzio-Grande surpassent en grandeur, et on peut dire en horreur, les étranglements les plus profonds de la Via Mala. Le Tessin bondit, se brise, écume, cherchant à fuir dans un chaos inextricables de roches fissurées, d'où il jaillit en cascades puissantes Le défilé est d'une étroitesse telle, qu'autrefois c'est par les montagnes que passait le chemin de Faido. Une route magnifique taillée dans le roc. supportée par des arches puissantes, descend cette gorge dite encore du Platifer et que je considère comme une des merveilles les plus dignes d'admiration et du reste des moins fréquentées. Un peu plus loin, nouveau défilé, celui de Stalvedro, où, 12 heures durant, six cents Français défendirent contre l'armée de Souvarow la route du Valais. Les roches fortement redressées simulent de gigantesques orgues. La route court de tunnel en tunnel et bientôt, après avoir franchi une longue galerie qui protège la route contre les avalanches, nous arrivons à *Airolo. 110 kil.*

Jusqu'ici nous ne nous sommes pas aperçus de la fatigue. Mais une fois installés à l'hôtel de la Poste, arrachés aux sensations très puissantes qui nous l'ont jusqu'alors fait oublier, elle apparait et il ne faut rien moins qu'un menu attrayant, confortable et une fine bouteille pour nous donner le courage d'ascensionner le Gothard. Je recommande vivement cet hôtel où nous trouvons, et à prix modéré, un excellent déjeuner.

La ville est encombrée de voyageurs. Une dizaine de voitures attèlent, les unes feront route avec nous ; les autres descendent sur Bellinzona. Les gens sont absolument stupéfiés de la route fournie par nous. Je doute même que nous les ayons persuadés. Cependant quand ils nous voient attaquer courageusement, *pedibus cum jambis*, bien entendu, les lacets qui escaladent le Gothard, leur étonnement devient de la stupéfaction.

Les vélocipédistes sont, parait-il, assez rares par ici. Et cependant !

Il est deux heures. Arrivés à une heure, nous avons donc mis un peu moins de huit heures pour faire ces 110 kilom., et je vous assure que nous avons bien marché. Mais une partie de la route a été faite à pied, et dame ! cela suffit à réduire sensiblement notre moyenne.

Des ouvrages militaires importants gardent les abords du Gothard.

Nous croisons de nombreux promeneurs venus de Biasca.

En face du fort commencent les courbes sinueuses de la route. Bientôt nous passons devant la Cantoniera di val Tremola (1696) et nous entrons dans le trop célèbre défilé du val Tremola.

Bien nommé en effet. Les cimes sont, parait-il, peu stables. Les sommets et les neiges qui les couvrent descendent volontiers sur la route.

L'un de nous, mieux renseigné que les autres, les tranquillise en narrant les nombreux accidents qui se produisent couramment en ces lieux. La route défoncée, broyée, est à peine praticable. Nous avançons fort peu rassurés. La moindre pierre qui se détache, le bruit d'une cascade nous font à chaque pas lever la tête et nous contemplons avec anxiété les cimes qui surplombent.

Les rares cantonniers qui travaillent à la réfection de la route ne nous rassurent pas davantage.

Là encore, dans ce défilé quelques Français arrêtèrent plusieurs heures durant l'armée de Souvarow. Une gigantesque et peu modeste inscription, Souvarow Victor, rappelle le triomphe du vieux général.

Nous passons successivement devant deux refuges, les cantoniera Santo Giuseppe et Santo Martino 1832 et 1943^{m}. Le sommet est proche. Allons tant mieux. Car nous commençons à tirer la jambe. Enfin voici l'Hospice et ses deux auberges, l'une vis-à-vis l'autre (2091). Un verre de bière et une ablution, puis en route, car la nuit approche. Cinq cents mètres plus loin nous sommes au col 2114. Il est 4 h. 50

De nombreux petits lacs, mares plutôt que lacs, sont les vastes cuvettes où nous nous baignons le visage trempé de sueur malgré la température assez basse et le vent — qui se lève — nous chassant des flots de brume qui viennent d'Andermatt et de la Reuss.

En un clin d'œil, nous dégringolons les escarpements qui mènent à Hospenthal. C'est la fin. Nous croisons plusieurs bataillons suisses de l'artillerie et du train d'équipages. Les manœuvres se font parait-il cette année du côté d'Andermatt et dans le massif du Gothard.

Très aimables ces officiers et soldats suisses. Nous échangeons en passant de nombreux saluts. Tous ces gaillards là ont l'allure ferme et décidée du montagnard ; pas de traînards, tous bien portants et l'air très militaire malgré leur accoutrement peu guerrier.

Après Hospenthal nous tournons à droite et, quelques minutes après, nous entrons dans Andermatt.

La route est encombrée de soldats. Le canon tonne, la fusillade gronde. Nous courons à l'hôtel (hôtel Krone) et, après un brin de toilette sommaire — oublieux de notre longue étape, ne sentant plus la fatigue, nous allons à pied visiter le terrain des manœuvres, le trou d'Uri et le Pont du Diable.

D'Andermatt au Trou d'Uri, il n'y a que quelques minutes.

Le Trou d'Uri est une galerie de construction assez récente, car elle date du commencement du siècle dernier, qui traverse une énorme arête de rocher dite Teufelsberg, qui, jadis, fermait le défilé de la Reuss, un peu au-dessus du Pont du Diable. Une grille géante et massive peut fermer ce passage. Il semble, au reste, que la Suisse ait peu de confiance dans ses voisins du Sud. Sans compter les ouvrages qui défendent les approches du Gothard, un fort construit selon les règles de l'art le plus moderne, placé vis-à-vis le trou d'Uri, commande toute la vallée d'Urseren, par conséquent la route de la Furka, les gorges de la Reuss, le chemin de Lucerne et celui du Valais. A la sortie du Trou d'Uri, nous arrivons au Pont du Diable. Il tombe en ruines, le fameux pont, et n'a rien de bien diabolique.

C'est un très honnête pont, qui a dû être construit par un architecte peu ferré ; c'est un vulgaire segment de cercle assez maigre de proportion qui franchit ou plutôt franchissait la Reuss à 23 mètres de hauteur. Un nouveau pont, placé à quelques mètres plus haut, le remplace avantageusement.

Là commencent les gorges de la Reuss. Mais la pluie commence à tomber, et nous renonçons à pousser plus loin. Nous revenons donc sur nos pas, non sans avoir jeté un dernier coup d'œil admiratif à la chute fort belle que fait la Reuss, un peu en en aval du Teufelsbrücke.

Après un excellent repas, les clairons sonnent mélancoliquement l'extinction des feux, nous invitant au sommeil. Nous ne nous faisons pas prier, voici 135 kilomètres qui en valent bien 200.

(Hôtel Krone, prix : chambre, 1 fr. 50 ; dîner, 3 fr. 50).

*
* *

21 AOUT. — *Andermatt (1444). La Furca, col (2436), 18 kilomètres.*

Réveil en musique ; 15 musiciens jouent sous nos fenêtres l'hymne suisse et un pas redoublé. Il pleut à torrents.

Décidément, la chance, qui jusqu'ici nous a favorisés, nous abandonne, et c'est par une pluie battante que nous nous mettons en route pour la Furca.

Hospenthal. — Nous laissons sur notre gauche la route du Gothard qui nous a amenés hier, et nous roulons assez bon train, malgré la boue, sur *Realp.*

Mais la pluie redouble ; c'est un véritable déluge. Les montagnes sont invisibles, un brouillard épais qui se condense nous entoure.

Arrêtons-nous un instant à Realp.

Un verre de vin blanc, puis un autre nous remettent un peu.

Les gens de l'endroit s'offrent à nous monter nos machines jusqu'au col, moyennant 20 francs pour le tout.

Nous les remercions ; nous en avons vu d'autres. La Furca, tout inaccessible qu'elle veuille se faire aujourd'hui pour nous, n'est pas pour nous effrayer, et nous commençons dès la sortie du village notre longue ascension. Par le beau temps, ce serait un médiocre plaisir que cette longue montée monotone au milieu de pâturages jaunâtres et de rochers sans caractère. Mais, par la pluie, qui en ce moment fait rage, c'est encore moins récréatif.

Pour comble de bonheur, l'orage se met de la partie. Les éclairs partent en tous sens, presque à notre hauteur, le tonnerre roule sans discontinuer. Ses ronflements, répercutés pas les échos, se succèdent sans interruption. Je ne suis pas sans inquiétude. Nous sommes absolument au milieu des nuages orageux, et je marche avec quelque appréhension, en pensant à cette masse métallique que je traîne à la main et qui peut me foudroyer à tout instant. La pluie nous aveugle absolument. C'est à peine si, dans ce brouillard qui fond et que le vent chasse à toute vitesse, nous voyons notre route.

Enfin, voici Oberlap. Encore un arrêt et un verre de vin blanc.

Trempé, je descends à la cuisine pour me sécher. Un brave touriste, retour d'Italie comme nous, se sèche lui aussi, et nous lions conversation, nos jambes dans le four et nos souliers sur le fourneau, jusqu'à ce que la patronne, peu aimable, nous envoie nous sécher ailleurs, dehors par exemple. Nous quittons sans plus tarder ce peu hospitalier chalet et nous reprenons notre pénible ascension dans la brume et dans la pluie. Quelques kilomètres encore, soit une grande heure de marche sous la pluie. Epuisés, trempés, nous nous décidons à prendre notre repas à *Tiefengletsch*.

(Recommandé, 2 fr. 50.) Durant ce repas, notre nouveau compagnon, qui vient de passer plusieurs années en Italie, nous communique ses impressions sur nos voisins.

Elles ne sont pas très flatteuses pour eux, bien qu'il m'ait paru parler sans parti-pris. Ainsi causant, le temps passe, et bientôt, complètement remis et séchés, nous repartons pour le col. Inutile d'ajouter que la pluie tombe toujours. Nous allongeons le pas et, presque courant, nous achevons cette affreuse étape, la plus humide et la moins intéressante de notre voyage.

A peine avons-nous pénétré dans l'hôtel de la Furca, que la pluie se change en neige. Le vent souffle en tempête. Une voiture mal calée, laissée devant l'hôtel, est renversée par le vent. Je veux me risquer au dehors. Je reviens après quelques pas. On serait enlevé par les raffales.

Nous avons bientôt pris notre parti. Nous passerons la nuit ici. Une foule de touristes, bloqués comme nous par la neige et le vent, ont envahi l'hôtel. Une troupe d'étudiants allemands conduits par un majordome, qu'on décore pompeusement du nom de Herr Doctor, enfument de leurs cigares l'étroite chambrette où l'on nous a relégués. J'en ai assez, je fuis cette cohue trop odorante et, pour charmer les longues heures d'attente qui nous séparent du souper, je gagne notre chambre et... mon lit.

Souper médiocre et fort cher. Lits malpropres.

(Prix : chambre à trois lits, 12 fr. ; dîner, 4 fr.) Touristes, évitez soigneusement l'hôtel de la Furka.

*
* *

22 AOUT. — *Col de la Furka. — Fiesch, 40 kil., Brigues, 19 ; Sion, 55. Total : 114 kil.*

Temps splendide. Avant le départ, nous escaladons un petit pic voisin de l'hôtel, dominant de quelque cent mètres le sommet du col et d'où nous découvrons un merveilleux panorama : les cimes de l'Oberland bernois, celles du Gothard, la vallée d'Urseren, le Galenstock et le Mutterhorn. Durant une bonne demi-heure, nous nous occupons à donner à toutes ces cimes leurs noms respectifs, non sans peine, ni quelques erreurs. Enfin, nous partons.

La route est assez bonne, quoique fort détrempée. Les lacets sont assez aisément praticables. Nous rencontrons bientôt notre caravane d'Allemands de la veille qui, joyeux et chantant, s'en vont derrière leur guide, le Herr Doctor, très chauve, à lunettes rondes, qui dirige toute cette smala. Quelques instants après, nous étions en face du glacier du Rhône. Nous passons de longs instants en contemplation devant ce fleuve de glace, ce chaos informe de blocs entassés dans un invraisemblable pêle-mêle, dont les arêtes brillent au soleil et qui, vus de face, apparaissent d'un bleu intense, légèrement verdâtre.

Nous continuons notre descente, et bientôt nous arrivons à Am Gletsch. Un peu avant le pont de bois qui franchit le Rhône, nous prenons à droite le sentier qui mène au glacier.

Nous escaladons en machine, c'était insensé, les moraines frontales laissées successivement par le glacier dans son recul, et nous arrivons, après avoir laissé nos machines à la garde d'un solide cadenas et franchi d'innombrables ruisseaux, à l'entrée de la grotte d'azur d'où sort le Rhône. Un guide se précipite et nous offre d'abord d'approximatives photographies, puis nous propose une promenade sur le glacier. Grand merci. Au reste, je sais par expérience que les glaciers gagnent à être admirés de loin.

Sur ce, en route. Nous retournons sur nos pas et nous franchissons le Rhône, large de quelques mètres, sur un pont agreste aux solives noircies. Nous passons devant l'hôtel du Glacier, où la cohorte germanique, toujours joyeuse, attend la diligence.

Nous passons. La route descend d'abord par une gorge étroite peu profonde où le Rhône tombe en jolies cascades. Peu à peu, cette étroite coulée où il se fraye son chemin s'approfondit.

Le chemin descend par de grandes courbes peu rapides au milieu de bois d'arolles et de sapins. C'est une descente charmante. Bientôt la vallée s'élargit brusquement, et le Rhône tourne à droite.

Le paysage change : plus de rochers taillés à la mine où la route s'engage, mais des pâturages déjà jaunis par un soleil plus ardent remplissent le fond de la vallée. Sur le flanc de la montagne d'épaisses forêts d'épicéa que les lavanges ont crevé de trouées claires.

La route jusqu'à Bellwald, modeste hameau situé à quelques kilomètres de Fiesch, monte et descend sans cesse, traversant de petits villages malpropres, boueux, aux chalets de mélèze noirci. Les toits, pour résister au vent d'hiver, sont surchargés de pierres énormes, moussues ; les fenêtres étroites, aux vitres minuscules enchâssées de plomb scintillent au soleil : de nombreuses têtes de loups fièrement pendues à l'avant-toit signalent l'habileté du propriétaire. Par endroits, la vallée se resserre, et la route taillée à vif dans le rocher court suspendue au milieu des pins, au bord même du précipice au fond duquel gronde le Rhône. Une descente rapide, sinueuse, nous amène à Fiesch ; c'est là que nous déjeunerons. Hôtel du Glacier et de la Poste très recommandé, 2 fr. 50.

Les diligences parties presque en même temps que nous du glacier, c'est-à-dire d'Im Gletsch arrivent au moment où nous terminons notre repas. Nous pensons un instant à monter à l'Aeggischhorn ; d'ici au sommet (2941) la course n'est pas longue, trois heures environ par un excellent chemin. Mais malgré tout ce que l'on peut nous dire et tout ce que je sais du merveilleux panorama que l'on découvre de cette cime, nous commençons à avoir suffisamment goûté des ascensions et des hauteurs. En route pour Sion 75 kilom. il est près de 2 heures.

Il fait une chaleur lourde et accablante; cette vallée du Rhône est, durant l'été, une véritable rôtissoire.

La route de Fiesch à Brigues est jolie, traverse un paysage verdoyant, tout rempli de gentils villages.

Elle passe et repasse le Rhône, puis bientôt franchit la Massa descendue du glacier d'Aletsch. Elle incline alors brusquement à gauche et nous amène dans Brigues. Un moment d'arrêt à la poste, où des lettres nous attendent. Nous sommes sans nouvelles des nôtres depuis Venise, faute d'arrêt suffisant sur notre route. J'apprends là sans trop de surprise que mes jours de voyage sont désormais comptés ; au reste, nous touchons au terme du programme que je m'étais tracé.

Nous traversons Brigues, vieux bourg pittoresque d'aspect oriental qu'il doit sans doute aux coupoles sphériques qui étincellent sur ses églises et son château. Vers le milieu du pays, nous prenons à notre droite une vaste avenue plantée d'arbres : c'est la route de Sion. Dieu vous préserve de cette course fastidieuse, c'est bien la plus monotone route du monde. Non pas que la vallée du Rhône, en ce point large et fertile, soit sans beauté. Mais c'est le manque de variété du décor qui fatigue. A vrai dire nous sommes devenus difficiles. A courir ainsi de merveilles en merveilles, à escalader cimes et cols on devient exigeant. En outre, il fait une chaleur insupportable et dans ce désenchantement il y a quelque peu de fatigue.

Nous traversons successivement *Viege*, coquettement placé dans un paysage gracieux, au milieu des vergers et des vignes ; *Tourtemagne* et *Susten*, d'ou part le fameux chemin de la Gemmi qui fait communiquer Thun avec le Valais.

Un peu avant Sierre, la route traverse une fort belle forêt, celle de Finges, où la route décrit une série de courbes qui tantôt montent et tantôt descendent au milieu de la futaie. Cette forêt vraiment sauvage où les arbres de toutes essences s'entremêlent, ignorants du bûcheron et de la docte corporation des forestiers, s'étend sur une longueur de plusieurs lieues et nous ne quittons, à grand regret, la fraîcheur de ses ombres que pour entrer à Sierre. Nous traversons le Rhône, puis le chemin de fer et nous pénétrons dans cette aimable petite ville bien calme, bien grillée au clair soleil. Là, les gens semblent heureux de vivre, les enfants vous ont des airs sérieux de diplomates, nous saluent d'un bonjour Monsieur, très poli. Ils ne courent pas au-devant de nos machines qui sont ici non des vélos, mais des vélocipèdes, ne crient pas, ne nous interpellent pas. Sont-ce les pantalons de grand format qui emprisonnent leurs jambes de poupées qui leur donne ce sérieux ? peut-être.

Sierre franchi, la route s'allonge monotone à quelques pas du chemin de fer qui lui-même cotoie le Rhône. Les trois touristes sont devenus peu causeurs. Nous pédalons machinalement, rêvassant, un peu endormis même, rappelés de temps en temps à la réalité par quelque char à banc, passant rapide au trot vif d'une haridelle sèche et ramenant de la ville une famille endimanchée, ou par de gros coléoptères noirs qui viennent avec rage nous briser leurs antennes sur le front, et de nouveau on rêve aux chemins parcourus, à la fin du voyage déjà si proche. Brusquement, deux rochers fantastiques surgissent devant nous couronnés de murailles, c'est Sion. Une montée assez roide et longue commence à travers les vignes et nous amène au-dessus de la ville. Quelques instants plus tard, joyeusement attablés, nous oubliions les 114 kilom. faits en terrain accidenté par une chaleur intense.

*
* *

23 AOUT. — *Sion, Martigny 14 kilom. Saint-Maurice. 15. Villeneuve, 25, Vevey, 2. Lausanne. 19. Total 89 kil. Lausanne à Dijon par le train.*

A 5 heures du matin, nous quittons Sion, en route pour Martigny. La route jusqu'à Riddes monte et descend à flanc de coteau, au milieu des prairies et des clos. Mais depuis Riddes, la route s'allonge éternelle, sans fin, sur 15 kilom. en une ligne rigoureusement droite. Nous traversons Martigny. La route tourne à angle droit et quelques instants plus tard nous nous arrêtons devant l'hôtel placé vis-à-vis l'entrée des gorges du Trient. Nous laissons là nos machines et prenons, moyennant 1 franc, des billets pour visiter ces gorges célèbres. Nous pénétrons dans l'étroit couloir où court un petit chemin suspendu aux parois. Cette gorge, incontestablement très curieuse, n'est pas à comparer à celle de la Tamina.

Vernayaz. — Ici finit notre voyage en commun. Je vais me séparer de mes fidèles compagnons. Le lointain voyage que je leur ai proposé s'est en entier accompli, sans accident, toujours favorisé par un temps splendide.

Certes, nous avons connu les heures pénibles, nous avons passé par des moments de découragement. Mais ils ont passé vite, et tous nous garderons de cette splendide excursion, par les plus merveilleux sites qui se puissent imaginer, un inoubliable souvenir.

Je serre, un peu ému, les mains de mes deux compagnons, de ce brave Levirote, toujours gai et content, de l'ami Copernich qui, pour la première fois, quittait le sol natal, comme chante la romance.

Depuis trois semaines de vie en commun, les liens qui nous unissaient se sont resserrés et c'est avec un serrement de cœur que je quitte mes deux braves amis qui, plus libres que moi, s'en vont escalader le col de la Forclaz, pour revenir par Chambéry et Genève. Je les regarde, avec quelque envie, s'éloigner par l'étroit sentier qui mène au col, et je m'en vais un peu triste, jetant à peine un coup d'œil sur la trop célèbre cascade de Pissevache qui vaut moins que sa renommée.

De la longue étape, très monotone, qu'il me reste à faire jusqu'à Lausanne, je ne dirai rien. Qui ne connaît aujourd'hui le lac de Genève et son fameux *tour du lac!* Il me produisit, je l'avoue, une très médiocre impression. C'était, il est vrai, une vieille connaissance. En tous cas, ce pauvre lac, jadis, si aimé, me parut banal. Et penché sur ma machine, inattentif aux curiosités trop connues du chemin, je continuai jusqu'à Lausanne où le train m'attendait. J'ai juste le temps de prendre mon billet, de hisser ma machine dans un fourgon, d'escalader un wagon et le train part. C'en est fait de mon voyage.

*
* *

Je n'ai plus qu'à remercier le bienveillant lecteur qui m'a suivi dans ces lointaines pérégrinations, dans ce long récit, trop long peut-être, et à souhaiter qu'il ait trouvé à le lire un peu du plaisir que j'ai eu à l'écrire.

W. QUICK.

(Georges CURTEL.

www.ingramcontent.com/pod-product-compliance
Ingram Content Group UK Ltd.
Pitfield, Milton Keynes, MK11 3LW, UK
UKHW031921260826
14628UKWH00003B/1326

9 782013 466776